Hansjörg Falz, MERIAN-Chefredakteur

Liebe Leserin, lieber Leser,

ich liebe den Winter in den Bergen. Wenn die Luft knackig kalt ist und es so heftig schneit, dass die Straße unter einer weißen Schicht verschwindet. An solch einem Tag stapfte ich am frühen Abend zu Fuß den Festungsberg hinauf. Oben, am Eingang der Burg, leuchteten Fackeln den Weg. Im historischen Saal spielte wenig später ein Kammerorchester auf. Ein absolut unvergessliches Konzerterlebnis! Hoffen wir, dass Salzburg-Highlights in diesem feierlichen Ambiente bald wieder möglich sind.

Im vergangenen Sommer fanden die weltberühmten Klassik-Festspiele nur im kleineren Umfang statt. Mit der Präsidentin des Festivals, Helga Rabl-Stadler, und Intendant Markus Hinterhäuser führte MERIAN-Redakteur Kalle Harberg ein ausführliches Gespräch über die Vergangenheit und die Zukunft des Ereignisses (S. 76). Schauspieler Peter Lohmeyer, der in den vergangenen acht Jahren als »Tod« im »Jedermann« dort auf der Bühne stand, erinnert sich an seine Sommer in der Stadt (S. 30), und dem berühmtesten Sohn Salzburgs haben wir ein umfangreiches und wissenswertes Special gewidmet: 25 Jahre war die Stadt, in der Wolfgang Amadeus Mozart 1756 geboren wurde, seine Heimat, wir erzählen davon in 25 Kapiteln (S. 44). Ich bin schon oft in Salzburg gewesen, aber beim jüngsten Besuch entdeckte ich etwas Großartiges, das ich Ihnen nicht vorenthalten möchte: das Sattler-Panorama. Lange bevor Fotografien Salzburgs Schönheit zeigten, schuf Johann Michael Sattler ein Meisterwerk, ein Gemälde, so weit das Auge reicht: 360 Grad. Zu sehen ist das Panorama heute im Panorama Museum am Residenzplatz – oder eben bei uns im Heft (S. 72).

Herzlich Ihr

Von 1964 bis heute: der viertgrößten Stadt unseres Nachbarlands widmen wir zum siebten Mal ein Heft

     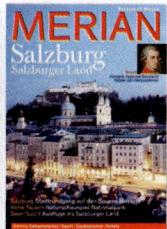

Der MERIAN-Podcast nimmt Sie mit auf Wochenendtrips in Deutschland: Reiseinspiration zum Hören auf www.merian.de und bei allen gängigen Anbietern.

Folgen Sie uns auf merian.magazin bei Instagram. Oder begleiten Sie uns auf Facebook.

Readly Beim digitalen Zeitschriftenkiosk Readly können Sie diese und andere MERIAN-Ausgaben auf dem Tablet oder Smartphone lesen.

34

Gut gemixt, Mustafa! In »Mentor's Bar« macht der Chef noch selbst Cocktails

INHALT

44

Das berühmteste Porträt des Genies – es hängt heute in Mozarts Wohnhaus am Makartplatz

94

30

Prächtiges Liebesversteck: Für Salome Alt ließ Fürsterzbischof von Raitenau das heutige Schloss Mirabell bauen

Stars der Festspiele: Peter Lohmeyer als Tod und Tobias Moretti als Jedermann im gleichnamigen Stück

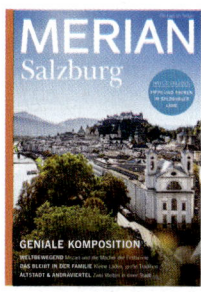

Die Altstadt zu Füßen, die Festung am Horizont: An einem glasklaren Morgen kletterte MERIAN-Fotografin Christina Körte auf die Humboldtterrasse – und schoss das Cover dieser Ausgabe

TOP 10

MERIAN-Redakteur **Kalle Harberg** kletterte auf die Salzburger Berge, folgte Mozarts Spuren und verlor sich in den jahrhundertealten Gassen. Er findet: In dieser 150 000-Einwohner-Stadt haben die Sehenswürdigkeiten Weltformat

1 Salzburger Festspiele

Die Kollegen vom »Lonely Planet« setzten Salzburg für 2020 auf Platz 1 ihrer Liste der besten Städte der Welt. Der Grund: Vor allem das hundertjährige Jubiläum der weltberühmten Festspiele lohne einen Besuch. Dann kam durch die Pandemie alles anders, und das Jubiläum wurde um ein Jahr verlängert, sodass gilt: 2021 ist das Jahr, in dem man zu den Festspielen muss! Die Hoffnung ist, dass man im August, wenn die Festspiele beginnen, wieder gemeinsam und weitestgehend sorgenfrei den besten Musikern der Welt lauschen kann (S. 76).
www.salzburgerfestspiele.at

2 Festung Hohensalzburg

Von so gut wie jedem Winkel der Altstadt ist die Festung auf dem nach ihr benannten Festungsberg zu sehen. Am besten spart man sich den mühsamen Aufstieg, fährt mit der Festungsbahn hinauf und genießt die fantastische Aussicht von der Terrasse gleich neben der Bergstation. Die 1077 erbaute Festung, heute die größte gänzlich erhaltene Burganlage Mitteleuropas, beherbergt das Festungsmuseum, das Marionettenmuseum und das Rainer-Regimentsmuseum. Was man sich auf keinen Fall entgehen lassen sollte: den schönen Spaziergang vom Berg hinunter zurück in die Altstadt.

3 Mozart

Das Erbe des Komponisten, der 1756 in Salzburg geboren wurde, wird an so gut wie jeder Ecke kommerziell genutzt. Seinem Geist wirklich näherkommen kann man in den zwei zu Museen umgewandelten Häusern, in denen Mozart lebte: das **Wohnhaus** am Makartplatz und das **Geburtshaus** in der Getreidegasse 9, in dessen Erdgeschoss ein Supermarkt eingezogen ist, dass darüber aber Schätze wie seine Geigen zeigt (S. 46). Nur zwei Minuten entfernt liegt das »Café Tomaselli« (Alter Markt 9), in dem man eine Kaffeepause einlegen sollte – so wie einst Mozart, der hier wohl gerne eine Mandelmilch trank.
www.mozarteum.at/museen-gebaeude

4 Dom

Alle Wege führen in der Altstadt zum Dom. Der Eintritt in den prächtigen Barockbau, den Fürsterzbischof Wolf Dietrich von Raitenau (S. 94) in Auftrag gab, ist gratis. Wer mehr von den sakralen Schätzen sehen will, besucht das **Dommuseum,** das Teil des neu eingerichteten DomQuartiers ist. Zur Adventszeit werden auch öffentliche Führungen durch den Dom angeboten – und auf dem Platz vor dem Portal findet dann der bezaubernde Christkindlmarkt statt.
www.salzburger-dom.at

5 Traditionsläden

In der Altstadt, die seit 1996 zum Weltkulturerbe zählt, finden sich jede Menge urige Geschäfte, die seit Jahrhunderten in Familienhand sind und sich manchmal so weit spezialisiert haben, dass sie hauptsächlich Knöpfe oder Regenschirme verkaufen (S. 60). Gerne gehe ich in der Getreidegasse 39 zur Punschmanufaktur Sporer, vor der ab dem Nachmittag immer eine kleine Traube steht, und am Nordufer der Salzach in das »Café Bazar« (Schwarzstr. 3), in dem sich schon der Schriftsteller Stefan Zweig wohlfühlte.

6 Andräviertel

Die großen Sehenswürdigkeiten liegen am Südufer der Salzach, aber auf der anderen Seite befindet sich diese auf den ersten Blick eher unauffällige Nachbarschaft, in der die Salzburger einkaufen, feiern und wohnen, die sie aber sehr viel weniger als die Altstadt für Touristen in Szene setzen (S. 108). Meine Lieblingsecke: die Franz-Josef-Straße, in der mit dem »Café Tiziana«, dem »Café Wernbacher« und dem »Café Fingerlos« drei Toplokale nebeneinander liegen.

7 Museum der Moderne

Auf dem Mönchsberg, gegenüber der Festung und in gewisser Weise ihr Gegenpol, liegt der 2004 eröffnete Neubau

1| Perfekt für's Frühstück: Das »Café Fingerlos« mitten im Andräviertel 2| Fabelwesen im Märchenschloss: Das Einhorn ist ein Star der Ausstellung in Hellbrunn 3| Geburtstagsständchen: Die Oper »Elektra« gehörte 2020 zu den Highlights der Jubiläumsfeierlichkeiten der Festspiele

des Museums. Die auf drei Etagen verteilten Wechselausstellungen sind abwechslungsreich und lassen sich gut an einem Vormittag anschauen, danach gönnt man sich einen Drink im hauseigenen Restaurant »M32« des Unternehmers Sepp Schellhorn (S. 34). Und wer dann noch nicht genug hat, macht sich auf den Weg zum Sitz des Museums in der Altstadt: in das Rupertinum (Wiener-Philharmoniker-Gasse 9).
www.museumdermoderne.at

8 Mehlspeisen

Für Naschkatzen wie mich ist Salzburg das Paradies: Topfenstrudel, Mohnstrudel, Nougatknödel, ich sage: immer her damit! Mein Favorit: das »Café Würfel Zucker« (Griesgasse 13), das einen herrlichen Strudel mit Vanillesoße serviert. Und danach: Raufsprinten auf den Kapuzinerberg, um die Kalorien wieder loszuwerden!
www.wuerfelzucker.at

9 Schloss Hellbrunn

Ganz im Süden liegt dieses von Fürsterzbischof Markus Sittikus erbaute Lustschloss, das von Frühling bis Herbst zu besichtigen ist. Im Schloss ist heute eine Ausstellung über das Leben des Bischofs zu sehen, aber die eigentlichen Höhe-

punkte sind der 60 Hektar große Park sowie die aus Brunnen, Grotten und Automaten bestehenden Wasserspiele.
www.hellbrunn.at

10 Salzburger Land

Klar, die Stadt ist ein Traum. Aber ganz ehrlich: Das Umland ist es auch! Hier finden sich Naturschönheiten wie die Kapruner Hochgebirgsstauseen (S.118). Und obendrauf ist das Salzburger Land auch ein kulinarisches Top-Ziel – mit einer beeindruckenden Ansammlung von Spitzenrestaurants, der höchsten Dichte an Bio-Bauern in ganz Europa und natürlich jeder Menge gemütlicher Wirtshäuser.

Christina Körte, Fotografin aus Hamburg, setzte die Besitzer der Salzburger Traditionsgeschäfte in Szene (S. 60) – und kaufte sich im Trachtenladen Jahn-Markl gleich einen Filzhut als Souvenir.

FOTOSCHULE

Wie gelingt das perfekte Porträtfoto?

1. **Licht** In geschlossenen Räumen versuche ich, ohne Blitzlicht auszukommen, um die Grundstimmung einzufangen. Ein schmeichelndes Licht ist in der Regel das Fensterlicht, das man als Fotograf im Rücken haben sollte. Bei dunklen Räumen am besten die ISO-Zahl nach oben drehen, um Verwacklungen zu vermeiden.

2. **Objektiv** Ich setze für Porträts gerne lichtstarke Festbrennweiten ein. Oft benutze ich ein 85mm- oder ein 55mm-Objektiv mit offenen Blenden – dann wird der Hintergrund unscharf. Will man mehr vom Raum sehen, sollte man dagegen kürzere Brennweiten einsetzen.

3. **Kommunikation** Die Kamera ist letztlich nur das Werkzeug. Das Wichtigste ist bei Porträts, eine Wohlfühlatmosphäre zu schaffen, damit sich die Menschen, die möglicherweise nicht regelmäßig fotografiert werden, vor der Kamera entspannen können.

SÜSSE KUGELN

Alle aus der MERIAN-Redaktion, die vor Ort in Salzburg waren, haben fleißig Mozartkugeln gekauft. So hatte MERIAN-Redakteur **Jonas Morgenthaler** (li.) eine schöne Vielfalt, die er im Hamburger Hotel »The Fontenay« von **Marco D'Andrea** verkosten ließ (S. 49). Eine Handvoll nahm der Chef-Patissier danach fürs Team mit. Wohin der Rest der Kugeln verschwand, ist ungeklärt.

BUNTES ERBE

So sieht es aus, wenn man von seinen Vorfahren Tausende von Knöpfen erbt: Ihre Recherche über die Traditionsläden der Altstadt (S. 60) führte MERIAN-Redakteurin **Inka Schmeling** (rechts) auch zu Knopferlmayer am Rathausplatz. **Veronika Stockinger-Mayer** verkauft hier in neunter Generation Kurzwaren – und wirkte über dieses Vermächtnis sehr glücklich.

GROSSER RAHMEN

Die Macher der Festspiele verstehen die Kunst der Inszenierung: Die prächtige Terrasse im Haus für Mozart war Bühne für das Gespräch von Redakteur **Kalle Harberg** (li.) mit Präsidentin **Helga Rabl-Stadler** und Intendant **Markus Hinterhäuser** – natürlich auf Abstand (S. 76).

FESTUNG HOHENSALZBURG

SCHLOSS HELLBRUNN UND WASSERSPIELE

BURGERLEBNIS MAUTERNDORF

RUN HOCHGEBIRGSSTAUSEEN

LZBURGER FREILICHTMUSEUM

WASSERWELTEN KRIMML

GROSSGLOCKNER HOCHALPENSTRASSE

EISRIESENWELT WERFEN   HAUS DER NATUR SALZBURG

DOMQUARTIER SALZBURG

ERLEBNISBURG HOHENWERFEN

LERNEN SIE SALZBURG'S SCHÖNSTE SEITEN KENNEN

Bewundern Sie Naturschauspiele, besuchen Sie Museen und tauchen Sie ein in die Salzburger Kultur- und Kunstgeschichte. Jede Attraktion ist ein Highlight für sich, alle zusammen ein unvergessliches Erlebnis für Groß und Klein!

hello salzburg

SALZBURGS TOP SEHENSWÜRDIGKEITEN

Bereit zum Abheben

… ist Salzburg jederzeit! Hochgefühle sind die Spezialität
dieser Stadt – ob mit den Flugzeugen im **Hangar-7,** schaurigen
Traditionen oder einer exorbitant teuren Köstlichkeit

Drei frei stehende Stege
winden sich durch den
Hangar – und lassen immer
neue Blickwinkel zu

Es kommt der Zeitpunkt im Leben einer Marke, an dem sie so viel Geld scheffelt, dass sie sich eine eigene Erlebniswelt gönnt. Volkswagen hat seine am Stammwerk in Wolfsburg, Coca-Cola in seiner Heimat in Atlanta – und Red Bull in Salzburg. Schließlich lebt Dietrich Mateschitz, Gründer des Dosen-Imperiums und mit einem geschätzten Vermögen von rund 14 Milliarden Euro der reichste Österreicher, im nahen Nonntal und ist der große Mäzen der Stadt. Der 2003 eröffnete Hangar-7 ist eine Mischung aus Kunst, Kulinarik und Technik, in der sich vergleichs-weise wenig um den Energy-Drink dreht. Es gibt Ausstellungen zeitgenössischer Künstler und feine Küche im Spitzenrestaurant »Ikarus«. Das Herz des Komplexes ist aber die aus 1754 Glasscheiben bestehende Kuppel, in der sich eine stolze Sammlung an Fahrzeugen bewundern lässt: Formel-1-Boliden, historische Flugzeuge und Helikopter der ebenfalls zur Marke gehörenden Flotte der »Flying Bulls« oder die Kapsel »Stratos«, aus der sich Extremsportler Felix Baumgartner – noch ein Salzburger – 2012 knapp 40 Kilometer zur Erde fallen ließ. www.hangar-7.com

Fürchterliche Weihnachten

Zur Adventszeit trumpft Salzburg groß auf – mit dem besinnlichen Christkindlmarkt vor dem Dom, dem beliebten Adventsingen im Festspielhaus und natürlich den Krampus- und Perchtenläufen. Die Umzüge der Verkleideten finden ab Nikolaus überall im Salzburger Land statt, sind mittlerweile miteinander verschmolzen, auch wenn sie ganz unterschiedliche Wurzeln haben: Der Krampus ist ein Teufel, der unartige Kinder bestraft, den Percht dagegen gibt es sowohl in einer gutartigen als auch einer böswilligen Ausführung, die beiden nennen sich Schönperchten und Schiachperchten (Foto) und sind an ihren Fellen und den furchteinflößenden Holzmasken zu erkennen.

Bis zu 16 Jahre leben Grülls Störe, bevor ihnen Kaviar entnommen wird

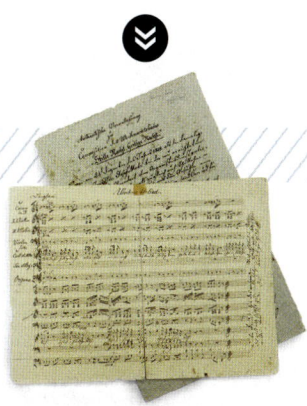

STILLE NACHT

Das berühmteste Weihnachtslied der Welt stammt aus dem Salzburger Land: Priester Joseph Mohr komponierte die Strophen, Lehrer Franz Xaver Gruber die Melodie des Klassikers, der erstmals 1818 in der St.-Nikola-Kirche in Oberndorf angestimmt wurde – natürlich an Heiligabend.

Kaviar aus dem Vorort

Zwölf Jahre war Walter Grüll alt, als er in der Waschküche der Eltern erste Fische züchtete. Heute verkauft der 57-Jährige in seinem Bistro und Feinkostladen im Ort Grödig bei Salzburg Austern, Hummer und vor allem: Kaviar. Denn Grüll betreibt die einzige Störzucht Österreichs. Bis zu 16 Jahre dürfen die Störe bei ihm im Naturbecken dümpeln, bevor ihnen die wertvollen Eier entnommen werden. Grüll ist es sogar gelungen, Albinostöre zu züchten und so weißen Kaviar zu produzieren, der als teuerste Delikatesse der Welt gilt. Kaufpreis auf dem Weltmarkt: rund 65 000 Euro das Kilo.
www.gruell-salzburg.at

Über den Hindenburgdamm
geht es durch die Nordsee – und
dann durchs ganze Land

ELEGANTE ANREISE

Vom Strand
ab in die Berge!

Acht Tage dauert die Fahrt mit
der legendären Transsibirischen
Eisenbahn von Moskau nach
Wladiwostok. Ganz so lange ist
der im Sommer 2020 von dem
Bahnunternehmen RDC gestartete
»Alpen-Sylt Nachtexpress« nicht
unterwegs, wunderschön ist die
Fahrt trotzdem. Rund 16 Stunden
dauert der Trip zwischen den
Endbahnhöfen des Streckennetzes
der Deutschen Bahn: Abends
steigt man in Westerland in sein
privates Abteil – im Sitz-, Liege-
oder Schlafwagen – und erreicht
Salzburg am nächsten Mittag.
Viermal die Woche soll der
Express ab Frühjahr 2021 wieder
pendeln, Tickets gibt es ab
89 Euro. www.nachtexpress.de

STREET-ART

Bunte Straßenschönheit

Zwei zärtlich aneinanderlehnende Frauen, ihre Augen größ-
tenteils verdeckt von einem Blütenstrauß – das 2019 entstan-
dene Graffito an einer Häuserfassade der Gaswerkgasse ist
das größte von »jana & js« in Salzburg, aber lange nicht das
einzige. Das österreichisch-französische Duo, auch privat
ein Paar, gehört zu den prominentesten Street-Art-Künstlern
der Stadt und hat mit seiner Stencil-Technik schon einige
zerfallende Innenräume, Bahngleise oder die verlassene
Tändlerei in der Steingasse verziert. www.janaundjs.com

FILMKLASSIKER

The Sound of Salzburg

Millionen von Menschen denken bei Salzburg nicht zuerst
an Mozart und Festspiele, sondern an ein Musical:
»The Sound of Music«. Die Filmadaption von 1965 mit
Julie Andrews (Foto) bringt unzählige internationale
Touristen in die Stadt, die sich auf die Spuren des hier und
im Salzburger Land gedrehten Klassikers begeben –
schließlich lebte auch die echte Familie Trapp, auf deren
Leben das Musical basiert, genau hier! Guter Start-
punkt: das kleine Museum der Sound of Music World.
Traunstr. 34, www.soundofmusicworld.com

GROSSER FOTOWETTBEWERB
ZEIGEN SIE IHRE BESTEN BILDER!

Jetzt mitmachen! Wir suchen Fotos zu den Themen **SÜDTIROL, DIE EIFEL, DER RHEIN**

Traumreise für 10 000 € zu gewinnen

1. CHANCE: LESERFOTO DES MONATS

Jeden Monat werden Ihre besten Fotos zum nächsten Heftthema gesucht: einfach online hochladen und mitmachen! MERIAN prämiert das beste Leserfoto und veröffentlicht es im Heft (siehe Seite 14). Die nächsten Themen: **Südtirol, die Eifel und der Rhein.** Ihre Fotos sollen einen Bezug zum jeweiligen Monatsthema haben. Das Motiv darf frei gewählt werden: Ob Landschaftsbilder oder Straßenszenen – der Fantasie sind keine Grenzen gesetzt. Jeder Monatsgewinner erhält einen CEWE FOTOBUCH Gutschein im Wert von 50 Euro sowie ein MERIAN-Jahresabonnement.

2. CHANCE: FOTO DES JAHRES

Jedes hochgeladene Foto hat dazu automatisch die Chance, das Foto des Jahres zu werden. Für diesen Wettbewerb dürfen Sie auch Bilder von anderen Zielen einsenden. Alles, was zum Motto »Die Lust am Reisen« passt, ist erlaubt: Motive von besonders schönen, originellen oder amüsanten Momenten genauso wie Fotos, die im Gedächtnis bleiben. Die Auswahl trifft eine professionelle Jury – und dem Sieger winkt eine exklusive Reise im Wert von 10 000 Euro.

Alle weiteren Infos: www.merian.de/leserfotos

»Die Lust am Reisen« – unter diesem Motto suchen MERIAN und CEWE die schönsten Leserfotos. Senden Sie Ihre Lieblingsbilder aus aller Welt ein! Hauptgewinn ist eine exklusive Tour im Wert von 10 000 Euro: Sie begleiten einen MERIAN-Fotografen auf seiner Recherchereise an ein besonderes Urlaubsziel. Mitmachen ist ganz einfach – und **Sie haben sogar zwei Gewinnchancen!**

In Kooperation mit CEWE, Europas führendem Fotoservice

STEFFI HERRMANN
schoss das Leserfoto im Salzburger Dom. Die 53-jährige Sozialpädagogin aus Ochtrup im Münsterland fotografiert leidenschaftlich gern Kirchendecken, und so stellte sie sich selbstverständlich auch unter die beeindruckende, über 70 Meter hohe Tambourkuppel, um ihre Sammlung zu erweitern. »Natürlich die Symmetrie, aber vor allem die Lichtstimmung und die besondere Farbenvielfalt faszinieren mich bei diesem Bild«, sagt Steffi Herrmann, die auch als Fotografin für die Landesmusikakademie NRW arbeitet. »Es drückt wunderbar das Majestätische dieser Kirche aus.«

»In dieses Bild taucht man ein wie in ein Mandala«

DAS SAGT DIE JURY

Violetta Bismor, MERIAN-Fotoredakteurin: »In diese Fotografie von Steffi Herrmann tauche ich ein wie in ein Mandala. Meine Konzentration wird auf den Kreis im Mittelpunkt gelenkt. Der Kreis, so heißt es in vielen Kulturen, ist das Symbol für die Seele, für das universelle Ganze. Dann expandiert mein Blick nach außen, und ich werde von der Symmetrie des Motivs in den Bann gezogen. Erst dann erkenne ich die Figuren, die Szenerien und versinke in den vielen Details. Es ist ein sehr schönes, anmutendes Bild, und es wird der prachtvollen Architektur gerecht.«

Hier spielt

MOLTO ALLEGRO – SEHR FRÖHLICH

Salzburg zeigt sich beim Blick vom Mönchsberg von seiner Sonnenseite. Die Altstadt mit der Markuskirche (rechts im Bild) erstreckt sich dicht an der Salzach, hoch über dem Zentrum thront die Festung Hohensalzburg. Schon die Namen zeigen: Das »weiße Gold«, das im Mittelalter über den Fluss verschifft wurde, hat die Stadt reich und schön gemacht

die Musik

Salzburg und Mozart sind ein Erfolgsduo von Weltklasse.
Und wie so oft bei großen Paaren: Die beiden waren sich längst
nicht immer grün – aber die Musik überdauert

AGITATO – BEWEGT

Die Getreidegasse ist das Herzstück der Altstadt, hier reiht sich alles aneinander, was die 150 000-Einwohner-Stadt auszeichnet. Im Schilderwald der Geschäfte verkaufen alteingesessene Läden handgemachte Schirme (Hausnr. 22) und legendäre Liköre (Hausnr. 39), im Hotel »Blaue Gans« (Hausnr. 41-43) wird Kunst mit Gastfreundschaft kombiniert. Und: Mozart kam hier zur Welt – in der Getreidegasse Nummer 9

CON AMORE – LIEBEVOLL

An der historischen Pferdeschwemme wurden im
17. Jahrhundert die Paradepferde der Fürsterzbischöfe
gewaschen und getränkt, doch konzentrieren wir uns
lieber auf das Paar, das hier einen besonderen Moment
erlebt: Gerade hat er ihr einen Heiratsantrag gemacht.
Sie hat Ja gesagt, just bevor unsere Fotografin Christina
Körte diese Aufnahme schoss. Dazu glitzert die Sonne an
der Fassade des Doms und verleiht den Wasserrössern
am Residenzbrunnen einen ganz besonderen Glanz (links)

CAPRICCIOSO – EIGENWILLIG

Wir wissen nicht, ob es an diesem besonderen Platz liegt, aber Hartwig Huber ist Stammgast im »Café Wernbacher«. Er kommt seit rund 20 Jahren so oft es geht und war damit schon lange vor Chef Didi Maier eine feste Größe im Gastraum. Was wir aber wissen: Das Café ist eines der schönsten im Andräviertel und das Viertel wiederum der ideale Anlaufpunkt für alle, die die Stadt auch jenseits der Salzach kennenlernen möchten

DOLCE – SÜSS UND LIEBLICH

Es gibt ein paar Dinge, die man in Salzburg erlebt haben sollte. Ein Besuch im »Tomaselli« am Alten Markt gehört dazu. Erich Kästner schrieb einmal: »Das Tomaselli dürfte fast so alt sein wie das Kaffeetrinken in Europa«. Zumindest aber ist es mit seinen 320 Jahren das älteste Café in Österreich – und seit 1852 im Besitz der Familie Tomaselli. Die drei ganz großen Stärken des Hauses: Torten, Strudel, Kipferl. So süß kann das Leben schmecken

Tomaselli

DRAMATICO – DRAMATISCH

Salzburg nennt sich gerne selbst die »Bühne der
Welt«, und im Jahr 2020 spielte sich hier das gleiche
Drama ab wie im Rest der Welt. Manchmal sind
es Kleinigkeiten, die offenbaren, wie Corona zuvor
Undenkbares Normalität werden ließ: leere Tische in
der Konditorei Schatz in der Getreidegasse und
ein »Jedermann« vor dem Dom – traditionell ein
Höhepunkt der Festspiele –, bei dem es leere Plätze
gibt, damit Menschen sich nicht zu nahe kommen

FORTE – STARK

Ein Mann steht auf einer goldenen Kugel – aufrecht und den Blick geradeaus. Stolze neun Meter misst die Skulptur »Sphaera« auf dem Kapitelplatz. Der deutsche Bildhauer Stephan Balkenhol schuf sie 2007 für Salzburgs Kunstprojekt »Walk of Modern Art«, zu dem auch schon Größen wie Marina Abramović, Anselm Kiefer und James Turrell beigetragen haben. Zeitgenössische Kunst ist hier ein starker Kontrapunkt zur Klassik, auch wenn der Spitzname dieses Werks dagegen spricht: die goldene Mozartkugel

Meine Sommer in der Stadt der Festspiele

Acht Jahre lang packte Schauspieler **Peter Lohmeyer** seine Siebensachen, um für die Rolle des »Tod« im »Jedermann« nach Salzburg überzusiedeln. »Ich konnte mir am Ende nicht mehr vorstellen, den Juli und August woanders zu verbringen«

Salzburg und ich, wir streiten uns gerade. Genauer gesagt, die Landespolizeidirektion und ich. Am 1. August der letztjährigen Festspiele bin ich, wie immer seit dem ersten Tag meines ersten Engagements im Jahr 2013, mit meinem schwarzen Klapprad über den Residenzplatz zur Bühne gefahren. Ganz langsam an allen Premierengästen vorbei, schon für die Aufführung ausstaffiert und tätowiert. Plötzlich wollte mich ein sogenanntes »Straßenaufsichtsorgan« anhalten. Ich war schon, wie man so schön sagt, »im Tunnel«, denn es verblieben mir noch elf Minuten bis zum Beginn der Vorstellung, jedenfalls bin ich weitergeradelt und hab den Polizisten nur zugerufen: »Ich bin der Tod, ich muss zur Aufführung.«

Für mich war damit die Sache abgehakt. Als ich aber sechs Wochen später, zurück in Hamburg, meine Post sortierte, lag darin ein Schreiben mit einer Strafverfügung. »Sie haben«, heißt es darin, »dem von einem Straßenaufsichtsorgan mittels erhobenen Armes deutlich sichtbar gegebenen Zeichen zum Anhalten nicht Folge geleistet.« Strafe: 250 Euro.

Seitdem streiten wir uns. Obwohl wir, Salzburg und ich, uns eigentlich mögen. Wobei ich dazu sagen muss, dass ich im Grunde nur das Salzburg der Festspiele kenne. Wenn die Stadt noch voller ist mit Kulturschaffenden und Kulturliebhabern als sonst und im Ausnahmezustand. Es gibt Stadtgebiete, die ich in den vergangenen acht Jahren, in denen ich die Monate Juli und August im Zentrum verbringe, nicht betreten habe. Aber das Flair, das dieses altehrwürdige Salzburg bei schönem Wetter entwickelt, dieses »Leben vor der Tür«, wie man es eigentlich nur südlich der Alpen kennt, hab ich sehr genossen.

Könnte ich dauerhaft dort leben? Nein. Zu Hause kann ich nur in Städten sein, die so groß sind, dass ich auch als Schauspieler im Alltag anonym bleibe – und dafür ist Salzburg einfach zu klein. Alternativ könnte ich vielleicht noch in einem Dorf leben, wo jeder jeden kennt und einfach klar ist, wer wer ist: Das ist der Pastor, der Schreiner, das ist der Metzger – und das der Schauspieler.

Meine Beziehung zu Salzburg ist durch die Festspiele geprägt und die Menschen, die ich in diesem Zusammenhang treffe. Ich brauche diese Menschen, an die ich andocken kann. In Hamburg sind das die Freunde, mit denen ich jeden Samstag im Jenischpark Fußball spiele. Auch in Salzburg haben wir so

Geld haben und wahnsinnig wichtig sind. Ich weiß, ich bin auch ein Teil davon, aber das wäre auf Dauer eben nicht auszuhalten.

Wichtig ist mir, dass ich, wenn ich arbeite, angenehm wohne. Wohnraum ist irrsinnig teuer in Salzburg und während der Festspielzeit noch teurer. Tatsächlich ist es ein paar Mal vorgekommen, dass mir Vermieter ihre Wohnungen umsonst zur Verfügung stellten. Ein Baron hat mir seine herrliche Wohnung nur gegen Bezahlung der Betriebskosten überlassen. Er war der Meinung, dass wir Künstler mit unseren Engagements sein Leben verschönern. Das ist dann das andere Salzburg. Das Gönnerhafte. Aber das ist die Ausnahme. Die Salzburger wissen sehr gut, wie sie während der Festspiele Geld verdienen ... Sollen sie ruhig, damit sie sich den Schampus im »Sacher« leisten können, wo ich immer großzügig eingeladen bin, sollte meine Bude noch nicht bezugsfertig sein. Danke dafür!

Und wenn nach unseren Aufführungen Besucher zu mir, dem Tod, kommen und sagen: »Also, wenn es so weit ist, dann möchte ich, dass Sie mich holen kommen«, nehme ich das als größtes Kompliment. Als Anerkennung für das, was ich geleistet habe.

Der Erzbischof sitzt während der Festspiele ganz oft in der ersten Reihe. Der Lackner, Franz ist ein großer Fan und hatte Christoph Franken und mich nach einer Vorstellung zum Essen eingeladen. Er wollte den Tod und den Teufel persönlich kennenlernen. Inzwischen treffen sich Franz und Peter öfter. Seine Nonnen hatten uns am ersten gemeinsamen Abend bekocht, sie waren allerdings ziemlich nervös, weil ich ja mal mit einer österreichischen Köchin liiert war. Hat aber gut geschmeckt, war ein netter Abend, und ich hab erlebt, wie halbwegs normal so ein Erzbischof wohnt. Die Verbindung mit ihm führte dazu, dass der Messner des Doms, der Koisser, Dietmar, ein ausnehmend netter Mensch, mir eine private, bis in die letzten Dachwinkel führende Tour in diesem imposanten Gotteshaus gegeben hat. Durch die Geschichten, die er erzählte, verstehe ich Salzburg besser, verstehe jetzt, wie das Erzbischöflich-Katholische die Stadt zur Blüte führte. Die Geschichte der Franziskaner und Jesuiten, alle mit ihren herrlichen Klöstern und Kirchen und Friedhöfen verteilt in der ganzen Stadt, die man vor dem Ableben nicht versäumen sollte.

Es ist jedes Mal ein ziemlicher Aufwand, wenn ich Richtung Salzburg starte. Ich muss mit dem Auto fah-

eine Truppe. Zu meinem Osteopathen, dem Erlacher, Dominik, der mich zusammenflickt, wenn ich mich bei der Probe mal wieder auf die Fresse lege, ich laufe als Tod ja auf diesen Mega-Pumps über die Bühne, hat sich eine Freundschaft entwickelt. Und wenn ich bei ihm auf der Bank liege und wir reden, lerne ich einen Einheimischen und damit die Seele von Salzburg kennen. Das ist anders, als wenn ich mit jemandem zusammensitze, der den Schauspieler in mir sieht. Dann lieber mit unseren genialen Musikern vom »Ensemble 013« morgens um 7 Uhr auf den Untersberg, inklusive Jodelkurs, da quatscht mich dann keiner von der Seite an, auch wenn er denkt, »huch, den hab ich doch schon irgendwo mal gesehen«. Oben angekommen, genießen wir immer den genialen Blick über Salzburg, und dann kann es auch gut sein, dass man neben dem einen oder anderen »Touri« bei seiner Jause ganz unverhofft auf eine Maskenbildnerin oder einen Haustechniker der Festspiele trifft. Umso schöner die Aussicht, haben doch diese Menschen acht Jahre besonders auf mich aufgepasst.

Sonst trifft man in Salzburg an denselben Plätzen dieselben Kreise, die alle – ich will nicht ungerecht sein, aber das ist mein Eindruck – wahnsinnig viel ren, sonst würde ich nicht alles mitnehmen können, was ich mitnehmen muss, um mich häuslich einzurichten. Die Sitze werden umgeklappt, der Platz reicht kaum aus, ich schleppe meinen halben Hausstand mit: Riesenbettdecke, falls meine Liebste zu Besuch kommt, meinen Entsafter, meinen Handstaubsauger, zwei Fahrräder, ein bis zwei Anzüge im Koffer, meine Hirschlederhose, meine Bergschuhe. Eigentlich schere ich mich wenig um eine Kleiderordnung, aber die Etikette ist vielen Salzburgern heilig. Ich hab mal ein T-Shirt und Birkenstockschuhe zur Lederhose getragen, prompt hat mich einer von oben bis unten gemustert – und beleidigt.

Wenn ich meinen Koffer packe, dann darf ich keinesfalls meine Mal-Utensilien vergessen. Ich bin nicht der Typ, der nach jeder Vorstellung mit den Kollegen und Kolleginnen in die »Triangel« in der Wiener-Philharmoniker-Gasse zechen geht. In der Regel steige ich auf mein Klapprad und fahre zurück in meine Wohnung, schenke mir ein Glas Rotwein ein, schalte ab, fahre runter. Und das geht am besten,

Also hab ich Farbe und Packpapier gekauft. Eine Woche später hatte ich mein kahles Zuhause mit Bildern durchdekoriert

---

wenn ich male. Das ist in Salzburg mehr und mehr geworden. Im dritten Jahr war ich in eine möblierte Wohnung am Mönchsberg gezogen. Als ich im nächsten Festivaljahr wieder in diese Wohnung zurückkehrte, worüber ich mich sehr gefreut hatte, denn da oben auf dem Mönchsberg zu wohnen, ist das Nonplusultra, war sie komplett leer geräumt. Ein Freund hat ein Bett, ein paar Stühle, einen riesigen Tisch und eine Kaffeemaschine besorgt. Aber dann saß ich nach der Probe in der leeren Bude, sechs Zimmer ohne Möbel, starrte aus einem der Fenster in diesen berüchtigten Salzburger Schnürlregen, der erfahrungsgemäß viel zu lange anhält und dich echt depressiv macht. Und dem du auch nicht entkommst, wenn du rausgehen würdest, denn draußen bewegtest du dich durch leere Gassen und zwischen Kirchen und Klöstern. Dann wird dir schlagartig klar, warum Thomas Bernhard vom »Todesboden« geschrieben hat. Jedenfalls wusste ich: Es muss dringend etwas Deko an die Wände. Also bin ich zur Drogerie Müller am Hauptbahnhof – übrigens ein schöner Hauptbahnhof, in dem man als Reisender gerne ankommt – und hab mir weißes Packpapier gekauft. Gibt's bei uns gar nicht ...

Eine Woche später hatte ich mein kahles Zuhause mit meinen Bildern durchdekoriert. Als eine Freundin von mir, die Dirmayer, Uli, spitzgekriegt hat, was ich da mache, stieg sie den Berg zu mir hinauf, war hin und weg und überredete mich zu meiner ersten Ausstellung in der Sigmund-Haffner-Gasse. »Packmas!« hieß die. »Pack« wegen Packpapier, »mas« aus dem Spanischen »mehr« und im Österreichischen »pack mas!«: Gehen wir!

Oh Mann!, denkt jetzt der Leser, reicht ihm die Schauspielerei nicht? Nö, reicht mir nicht, weil's den Leuten gefällt, mir Spaß bringt und Mammon. Und so habe ich über die letzten vier Jahre immer an anderen Orten ausgestellt, ob in der Galerie Weihergut, in einem ehemaligen Supermarkt am Universitätsplatz oder im Clubraum der Kollegien-Kirche. Jemand, der meine Kunst besonders schätzt, ist meine liebste Kollegin Edith Clever, die zuletzt die Mutter des »Jedermann« gegeben hat – und mich in diesem Jahr endlich als Tod ablöst. Mehr Inspiration geht nicht, wenn dir so eine schöne Frau ins Ohr flüstert: »Was soll ich den ganzen Sommer hier, wenn Du keine Ausstellung machst?!«

Mein Lieblingssee im Umland ist der Attersee. Dort habe ich mich mit der Familie Wolf angefreundet. Das hat nichts mit deren Kochkunst oder dem James-Bond-Schampus zu tun, den sie vertreibt. Nein, die Hälfte der Familie kommt aus Westfalen wie ich, das passt halt. Es gibt übrigens kulinarisch wenig Besseres als frischen Saibling aus dem Attersee. Wo auch immer ich bin, ernähre ich mich nämlich regionaltypisch. Donnerstags gehe ich auf den Schrannenmarkt zum Einkaufen oder einfach nur zum Riechen oder Bummeln. Sollte ich später abends Hunger kriegen, laufe ich zum Bio-Burger in der Linzer Gasse. Auf einen Käsekrainer, den womöglich ein Fleischmogul aus Rheda-Wiedenbrück illegal über die Grenze geschmuggelt und an eine der Würstlbuden verticket hat, kann ich gerne verzichten.

Wer mich kennt, weiß außerdem: die Verbindung zu Gastronomen ist für mich existenziell. So zum Gfrerer, Anderl (Blaue Gans) und zum Schellhorn, Sepp (M32), die beide ein Kulturverständnis und eine Großzügigkeit haben, die unter Salzburgern heftig herausragt. Ich unterhalte mich sowieso lieber mit dem Wirt als mit dem Gast. Und überhaupt: am liebsten würde ich ewig in meinem Lieblingsbüro am Originalschreibtisch von Max Reinhardt auf Schloss Leopoldskron sitzen und Artikel wie diesen hier schreiben, später durch den unglaublich heiteren Schlosspark spazieren, um danach bei segender Hitze mit dem gemeinen Volk in den eiskalten Almkanal zu stürzen. Wichtig ist nur, dass man heile aus dem Wasser rauskommt.

Ich bin immer gesund geblieben in all den Jahren und weiß, dass wir uns in alter Frische wiedersehen werden, Salzburg und ich. Und wenn's sein muss vor Gericht.

SALZBURGERLAND

ALMSOMMER ZEIT

DAFÜR LEBEN WIR

Himmlisch gut erholen
Wussten Sie, dass das SalzburgerLand als das „almenreichste" Bundesland Österreichs gilt? Der herzlichen Gastfreundschaft der 170 ausgezeichneten Almsommerhütten und 110 Partnerhotels begegnet man hier auf Schritt und Tritt.

Unverfälschte Salzburger Almkultur
Wenn die Almwiesen saftig grün erstrahlen, die letzten Schneefelder geschmolzen sind und die klare Bergluft von Insektensummen und Glockengeläut erfüllt ist, beginnt der Salzburger Almsommer. Die Senner beziehen ihre urigen Almhütten, um während der Sommermonate nach den Kühen, Schafen und Ziegen auf den Almen zu sehen. Zur traditionsreichen Bewirtschaftung zählt auch die Herstellung frischer Almprodukte.

Alm Sommer

Die Kraft der Natur
Schon gewusst? Bergwandern ist nicht nur ein Naturerlebnis für alle Sinne, sondern obendrein auch noch gesund. In der alpinen Natur des SalzburgerLandes lassen sich die Energiereserven perfekt auftanken.

Feierlichkeiten
Der Salzburger Almsommer wird offiziell am Wochenende vor der Sommersonnenwende Mitte Juni mit musikalischer Einlage und selbstgemachten Köstlichkeiten eröffnet. Weitere Veranstaltungen auf den Almen folgen.

Regionale Leckerbissen
Wussten Sie, dass Käse, Butter, Brot und Speck von vielen Hüttenwirten noch in Handarbeit hergestellt wird? Das freut vor allem hungrige Bergfexe – denn nirgendwo schmeckt es so gut wie auf der Alm!

Auf der Spur des „Blauen Enzians"
Wanderer finden auf den Bergen des SalzburgerLandes ein schier grenzenloses Netz an perfekt ausgeschilderten Wanderwegen aller Schwierigkeitsgrade. Eine Besonderheit ist der Salzburger Almenweg, der mit 350 Kilometern Länge zum Weitwandern einlädt. Wie viele von den 31 Etappen Sie sich vornehmen, bleibt dabei ganz Ihnen überlassen! Eine Einkehr lohnt sich jedenfalls in allen 120 Almhütten, die zur Rast entlang des Weges warten.

Weitere Tipps und kostenlose Bestellung des Almsommer-Guides unter
www.almsommer.com

Außergewöhnliches Interieurdesign: Über einem runden Tisch und mit purpurnem Stoff bezogenen Stühlen hat der Architekt Matteo Thun 390 Hirschgeweihe an der Decke arrangiert. Sepp Schellhorn (re.) leitet das »M32«

NUR NICHT LOCKERLASSEN

Sein Salzburg ist klein und überschaubar. Lieber wäre es dem Politiker und Unternehmer **Sepp Schellhorn,** wenn die Stadt dynamischer wäre. Ein Rundgang in einem Dorf von Welt

TEXT **HANSJÖRG FALZ** FOTOS **INGO PERTRAMER**

Der Gastronom und Politiker wurde 1967 in Schwarzach im Pongau geboren. Seit 2014 sitzt er als Abgeordneter der Partei NEOS (Neues Österreich) im National-rat. In Salzburg führt er das Restaurant »M32« auf dem Mönchsberg, in Goldegg besitzen seine Frau Susi und er den »Seehof«, das »Hotel des Jahres 2017« (Gault & Millau). Das Paar hat drei Kinder.

https://seppschellhorn.eu

Sepp Schellhorn steht auf der Terrasse seines Wirtshauses oben auf dem Mönchsberg und blickt im Licht des Nachmittags auf das Salzburg, das unter ihm liegt. Auf sein Salzburg und die »schönste Aussicht der Nation«. Er würde die Stadt jetzt, im Gespräch, gern »Weltstadt« nennen, tut es auch kurz, aber nur, um dies sofort einzuschränken, denn das sei sie ja nur für gut sechs Wochen, während der Festspiele. Danach sei Salzburg wieder ein »Dorf von Welt«. Ein Dorf von Welt mit dem Massentourismus einer Weltstadt, vor dem es kein Entkommen gebe.

Sein Salzburg steht in seinem Leben meistens für was Gutes. »Pittoresk«, »klein«, »überschaubar« sind die Adjektive, die sein Salzburg beschreiben. Andererseits seien »klein« und »überschaubar« auch Hemmschuhe für große Schritte. So wie die für die Stadt markanten Berge um das urbane Zentrum herum – der Mönchsberg, der Festungsberg, der Kapuzinerberg – den Salzburgern oft den Blick über den eigenen Horizont hinaus versperren würden. Für einen Beweis muss er sich auf seiner Terrasse nur umdrehen und auf das Gebäude schauen, in dem sich sein »M32« befindet. »Die Schachtel«, sagt er, würden die Einheimischen das Haus nennen (siehe Seite 84), dabei wären

sie es selbst gewesen, die jede offenere und gewagtere Architektur mit ihrer Spießigkeit im Keim erstickt hätten. Eine Behäbigkeit und Selbstgefälligkeit, die der Schriftsteller Thomas Bernhard, den eine Hassliebe mit der Stadt verband, »immer wieder angeprangert hat«.

Wer mit Sepp Schellhorn spricht, braucht eine Weile, um auf Flughöhe seiner Gedanken zu kommen. Er testet das aus. Wer kapituliert, stürzt ab. Aber das ist ihm recht, dann darf er schweigen. Für einen Berufspolitiker, der er auch ist, kann er außergewöhnlich gut schweigen.

Sein Wirtshaus in Salzburg, das »mönchsberg 32«, kurz »M32«, ist in Wahrheit ein Spitzenrestaurant, aber in seinen Augen eben doch ein Wirtshaus, weil er der Wirt ist. Es käme ihm auch nie in den Sinn, Gasthaus zu sagen, es ist ja sein Haus (unbedeutende Feinheit am Rande: im »mönchsberg 32« ist er der Pächter).

Sepp Schellhorn mag Gäste. Meistens. Er hat da so seine Erfahrungen gemacht. Er war einer der beiden jüngsten Hauben-Köche Österreichs, draußen im Salzburger Land. Dass er auf dem dünnen Ast des Kochens nicht sitzen bleiben durfte, weil viel zu viele, die seiner Ansicht nach weder vom Kochen noch vom Schmecken richtig was verstehen, daran sägen, ist ihm im Jahr nach der Verleihung dieser Haube für sein

Salzburg ist die Stadt der Kaffeehäuser, wie etwa das »Tomaselli« (links oben). Aber in der Chiemseegasse produziert die junge Kaffeerösterei »220 Grad« einen exzellenten Espresso und tollen Topfen. www.220grad.com

»IN MEINER KINDHEIT ROCH DIE GETREIDEGASSE NOCH NACH GEBÄCK«

Vieles in der Altstadt kommt Sepp Schellhorn »wie erstarrt« vor, gerade am Alten Markt und in der Getreidegasse. Zum guten Neuen zählt dieser Imbiss, der 1. Bosnastand der Stadt

Restaurant »Hecht« im Hotel »Seehof« in Goldegg brutal bewusst geworden: Der Gault&Millau entzog ihm die Auszeichnung einen Heftjahrgang später wieder.

So leidenschaftlich Sepp Schellhorn kocht, so pragmatisch zog er daraus eine Lehre. »Gourmetschnickschnack« findet in seinen Restaurants nicht statt, weder im »M32«, noch im »Hecht« (siehe MERIAN »Alpen« 08/2019). Wenn man das Gute daran sehen will, so fand er durch den Verlust der Ehre die Seele seiner Küche: »Mediterran mit Bodenhaftung«. Keine »Laubsägearbeiten«, mit Türmchen und Tröpfchen auf dem Teller, sondern Gerichte mit drei exzellent verarbeiteten Komponenten: Fleisch oder Fisch, Gemüse, Beilage. Alles, was seine Köche und er zubereiten, kommt von Erzeugern, die sich im Umkreis von 120 Kilometern zu seinen Küchen befinden. Die mediterranen Momente im Geschmackserlebnis rühren aus seiner Liebe zu Italien. In einem Sterne-Restaurant im Trentino lernte er als Jungspund das Kochen und die italienische Sprache. Sein Salzburg, das mal die kulinarische Hochburg Österreichs gewesen sei, verortet er als die »wirklich nördlichste Stadt Italiens«.

Sepp Schellhorn ist einer, der seine »Ganz-bei-sich-Orte« für das gute Leben braucht. Er findet sie noch hier und da in der Altstadt. Immer öfter aber auch in den äußeren Bezirken. Um in die Altstadt zu kommen, muss er nur seine geliebte Terrasse verlassen, eine Betontreppe hinabsteigen und den Fahrstuhl rufen. Der Lift fährt durch den Mönchsberg – »und dann bist du mitten in der Stadt«. Er schlendert jetzt die Getreidegasse entlang und erinnert sich an früher.

Eine Frage des Stils:
Wenn Shopping, dann mit
Tradition wie bei Danten-
dorfer; wenn Absacker, dann
in einer kultigen Bar wie
dem »Mentor's«; wenn Kaffee,
dann im »Café Bazar«, in
dem schon Thomas Bernhard
saß (rechte Seite)

Er vermisse den Geruch nach fri-
schem Gebäck, der in seiner Kindheit noch von überall kam und jetzt
nur noch aus der Wiener Bäckerei
von 1912, allerdings mag er das Josef-
brot, das es in der »Blauen Gans«
(Seite 100) gibt, lieber. Der Charme
der Gasse habe für seinen Geschmack
jedoch stark nachgelassen, seit in
Salzburgs Speckgürtel Einkaufszen-
tren gebaut worden seien. In seiner
Welt überlebten zu wenige Traditions-
betriebe wie Dantendorfer, der 1948
in der Gasse als Modeladen eröffnet
wurde. Da sieht er, das weiß er, allerdings etwas, was der Menschen-
schwarm, der täglich die malerische
Gasse flutet, nicht sieht. Die Getreidegasse, sagt Schellhorn, sei eine Touristenmeile geworden, und »sie riecht
jetzt am besten am Bosnagrill«.

Das darf man nicht falsch verstehen: Als Koch liebt er den Geruch
von Schweinsbratwürstl, Zwiebeln,
Senf und Curry. Als leidenschaftlicher Esser reiht er sich liebend gern
in die Schlange vor dem Imbiss ein.

Und, dass sich dort ein Imbiss etabliert hat, stehe für das Gute an der
Stadt. »Wenn Altes geht, bildet sich
Neues. Das zeigt, dass die Stadt lebt,
auch wenn sie in der Altstadt manchmal wie erstarrt erscheint.«

Sepp Schellhorn ist immer auf
der Suche nach dem Neuen.
Zur Ruhe kommt er kaum.
»Nur nicht lockerlassen«, lautet sein
Lebensmotto. Als hätte der Hotelier,
Gastwirt, Koch und Unternehmer,
der auch Salzburger Landesvorsitzen-
der sowie Stellvertretender Bundes-
vorsitzender der Partei NEOS ist und
in Wien einen Abgeordnetensitz im
Nationalrat innehat, nicht schon genug Ämter und Aufgaben, setzte er
2012 einen weiteren Plan um: Zusammen mit seiner Frau Susi inszenierte
er ein »Fest für Thomas Bernhard«.
Es trägt den Titel »Verstörungen«
und findet inzwischen immer am
dritten September-Wochenende im
Schloss Goldegg statt. »Das Festival
ist eine Säule unserer Sinnstiftung für

TOP-ADRESSEN
VON SEPP
SCHELLHORN

Dantendorfer
Getreidegasse 33
www.dantendorfer.at

Balkan Grill Walter
Getreidegasse 33
www.hanswalter.at

Galerie Sophia Vonier
Wiener-Philharmoniker-Gasse 3
www.galerievonier.com

Café Bazar
Schwarzstr. 3
www.cafe-bazar.at

Paradoxon
Zugallistr. 7
www.restaurant-paradoxon.com

Mentor's Bar Kultur
Gstettengasse 3
Tel. +43 664 9133810

Gasthof Schloss Aigen
Schwarzenbergpromenade 37
www.schloss-aigen.at

mönchsberg 32
www.m32.at

Hotel Der Seehof
Goldegg, Hofmark 8
www.derseehof.at

unser Hotel.« Der »Seehof«, in Schrittweite des Schlosses direkt an einem Moorsee gelegen, ist ein gemütliches, altes Haus, das mit Gespür für Details modernisiert worden und in dem alles versammelt ist, was beide Schellhorns inhaltsgebend finden und um sich haben mögen: eigenwillige Kunst, viele Bücher, gutes Essen und Getränke, aufgeschlossene Menschen. Viermal pro Jahr vergibt der »Seehof« zudem ein »Artist-in-Residence-Programm« für bildende Künstler.

Verstörungen. Ein gutes Stichwort für Salzburg. Hat Sepp Schellhorn ein mitunter ambivalentes Verhältnis zur Stadt, das er diplomatisch zu verpacken weiß, so wählte der sprachgewaltige Schriftsteller Thomas Bernhard fast ausschließlich derbe Worte. Immer wieder (»Mit mir und Salzburg ist alles in Beziehung.«) arbeitete er sich in seinen monologartigen Schriften an der Stadt ab. Berühmt-berüchtigt ist sein 63 Wörter langer Bandwurmsatz, den er 1975 in »Die Ursache. Eine Andeutung«, dem ersten Buch seiner fünfteiligen Autobiografie, schrieb: »Meine Heimatstadt ist in Wirklichkeit eine Todeskrankheit, in welche ihre Bewohner hineingeboren oder hineingezogen werden, und gehen sie nicht in dem entscheidenden Zeitpunkt weg, machen sie direkt

oder indirekt früher oder später unter all diesen entsetzlichen Umständen entweder urplötzlich Selbstmord oder gehen direkt oder indirekt langsam und elendig auf diesem im Grunde durch und durch menschenfeindlichen, architektonisch-erzbischöflich-stumpfsinnig-nationalsozialistisch-katholischen Todesboden zugrunde.«

Es muss das Offene im Wesen der derart beleidigten Entscheidungsträger der Stadt gewesen sein, dass sie trotzdem eine Gedenktafel für den 1989 verstorbenen Nestbeschmutzer am Landestheater installieren ließen. Allerdings dauerte es bis ins Jahr 2001.

Über Goldegg hat sich Bernhard auch ausgelassen. In »Frost« beschreibt er die Bevölkerung des Dorfs als kleinwüchsig, debil, versoffen und verhurt. Der Thomas-Bernhard-Begeisterung Schellhorns tat das keinen Abbruch, womöglich löste der Schriftsteller mit diesem Zynismus sogar erst große Neugierde aus, diese verstörenden Texte zu verstehen.

Bernhard pflegte, wenn er schrieb, beispielsweise für eine der Lokalzeitungen als Theaterkritiker und Gerichtsreporter, in Salzburg in Kaffeehäusern zu sitzen, nannte sie »zweite Wohnstuben«. Meistens zog es ihn ins »Cafè Tomaselli« am Alten Markt, das älteste der Stadt. Schellhorn wählt lieber Bernhards zweitliebste Adresse, das »Café Bazar«.

Wilde Sachen: Im »Paradoxon« tischt der junge Küchenchef Martin Kilga (unten) gewagte Kreationen auf. Der Lohn: glückliche Gäste und Top-Bewertungen

»MIT MIR UND SALZBURG IST ALLES IN BEZIEHUNG«

Mehr Neues, bitte! Schellhorn bedauert, dass die Getreidegasse mehr und mehr zur Touristenmeile geworden ist. Einer seiner Lieblingsorte liegt nur drei Minuten entfernt: die Galerie Sophia Vonier (li.)

Wegen des besseren Leseangebots. »Zeitungen«, sagt Schellhorn, »sind das Fenster zur Welt.«

Fester Bestandteil von Bernhards Salzburger Welt war die Musik. Noch als Lungenkranker schlich er sich heimlich zum Gesangsunterricht, wusste, dass das Singen seine Überlebenschancen reduzierte. Auch Schellhorn ist »leidenschaftlicher Konsument« der Kunst und der Musik. In der Altstadt, in der Wiener-Philharmoniker-Gasse, besucht er gern die Kunsthändlerin Sophia Vonier, der eine Galerie für junge Kunst gehört. Vonier offeriert Besuchern auch mal einen Espresso – und das ist die Form von Offenheit und unprätentiösem Umgang, die Schellhorn schätzt.

Jetzt aber geht es raus aus der Altstadt, grob Richtung Festung. Ins Nonntal. Er möchte unbedingt noch einen anderen Koch loben. Martin Kilga und dessen Team mache »wilde Sachen«, aber die »unglaublich gut«. Das »Paradoxon«, so der Name des Restaurants, sei ein Ort der Veränderung und ein Wallfahrtsort des Genusses. Dort werde das gute Leben zelebriert. Auch wenn Sepp Schellhorn eine beeindruckende Reihe von anderen Berufen ausübt, hat das nichts geändert an seiner Bestimmung, ein Koch zu sein und das Kochhandwerk allgemein und anderer Kollegen speziell zu bewundern. Er hat sogar ein Wort erfunden, um seine höchste Wertschätzung dafür auszudrücken: Gaumen-Aquaplaning.

Sepp Schellhorn lebt sein Leben auch nach einem ganz eigenen Rezept. »Du musst versuchen, die Menschen zu lieben, die sich trauen, das Besondere zu tun.«

Also auch Thomas Bernhard. ∎

Die Stadt der Biere und andere Glücksfälle

Seit mehr als fünf Jahrhunderten wird in Salzburg Gerstensaft ausgeschenkt. Wo es dazu erstklassiges Essen gibt, verrät Kulinarik-Experte **Wolfgang Neuhuber**

1492 war nicht nur für Amerika ein wichtiges Jahr, sondern auch für Salzburg. Als Kolumbus auf den Bahamas an Land ging und vermeintlich Amerika entdeckte, wurde an der Salzach im »Haus Bey der Stiegen« erstmals Bier ausgeschenkt. Heute ist Stiegl die größte Privatbrauerei Österreichs und unterhält in den historischen Darrhallen ein lebendiges Biermuseum samt Schaubrauerei, Wirtshaus und Bierbar. Im Widerspruch zum Namen bietet der nahe der Festungsbahn gelegene Stiegl-Keller eine filmreife Aussicht auf den Dom. Neben Stiegl gibt es zehn weitere Brauereien in der Stadt und drumherum, dazu eine ganze Reihe Bierlokale und Biergärten, was Salzburg den Titel als Bierhauptstadt Österreichs eingebracht hat. Weltweite Auszeichnungen sammelt das Pils der Privatbrauerei Trumer, das im fidelen Affen vom Fass ausgeschenkt wird,

genauso wie das Salzburger Weissbier »Die Weisse«, das hier ebenfalls auf den Tisch kommt. Eine Gasse weiter gibt sich das Alchimiste Belge mit belgischen Craft-Bieren so richtig studentisch rustikal. Etwa 150 verschiedene Biere stehen auf der Karte, für kleine Gruppen werden auf Nachfrage auch Bierverkostungen angeboten. Der schönste Biergarten Salzburgs befindet sich im Stadtteil Mülln: Kirchlichen Segen genießt das Augustiner Bräu Kloster Mülln mit seinem herrlichen Kastaniengarten. Das Wiener Schnitzel ist hier angemessen groß, und das kühle Bier wird in Steinkrügen serviert.

Bräuhofstr. 9, www.brauwelt.at

Festungsgasse 10
www.restaurant-stieglkeller.at

Priesterhausgasse 8
www.fideleraffe.at

Bergstr. 10, www.alchimiste-belge.at

Lindhofstr. 7, www.augustinerbier.at

… auf die »Steinterrasse«

Mehr Instagram-Kulisse geht nicht: Vom loungigen Café-Bistro im 7. Stock des »Hotels Stein« verwandelt sich die barocke Altstadt zur blauen Stunde in eine Puppenstube mit Kitschfaktor. Salzburg trifft sich hier zum Frühstück, Lunch, Kaffeeplausch – oder einfach nur zum Glas Wein.
Giselakai 3-5
www.steinterrasse.com

… ins »Glüxfall«

Im Ruhestand war ihnen zum Glück langweilig, daher haben Klaus Fleischhaker, Österreichs einstiger Koch des Jahres, und seine Frau Petra mit ihren Kindern aus einem verwahrlosten Lokal eine Cafè-Bar mit dem wohl zauberhaftesten Innenhofgarten der Stadt gemacht. Ein Hit ist das individuell kombinierbare Delikatessen-Frühstück.
Franz-Josef-Kai 11
www.gluexfall.at

Biergarten in bester Lage: die »Stiegl-Keller«-Terrasse

1 | Bowl mit Roastbeef im außergewöhnlichen »Glüxfall« 2 | Iris und Jürgen Vigne vom Restaurant »Pfefferschiff« 3 | Grandioser Ausblick von der Terrasse des »Hotels Stein« 4 | »The Glass Garden« des Hotels »Schloss Mönchstein« am Mönchsberg

Detailverliebt, einzigartig, pfiffig, famos: die kreativsten und besten Küchen

Eine tonnenschwere Glocke schwebt über dem Glasboden. Ein Relikt aus der Zeit, als Andreas Senns 2-Sterne-Restaurant Senns noch ein Gusswerk war. Nun ist die frühere Werkshalle zur Bühne seiner detailverliebten Küche geworden, die Luxusprodukte in oft gewagten Kombinationen verbindet. Das »Senns« ist lange nicht das einzige Spitzenrestaurant der Stadt. Der gläserne Hangar-7 von Red Bull, der sich unweit des Salzburger Flughafens befindet, präsentiert neben Formel-1-Boliden und Kunst im 2-Sterne-Restaurant Ikarus ein weltweit einzigartiges Konzept: Jeden Monat steht ein anderer, internationaler Starkoch im Mittelpunkt. Motto: die besten Küchen der Welt zu Gast in Salzburg. Architekt Volkmar Burgstaller hat neben dem Hangar-7 mit dem Schloss Mönchstein noch ein weiteres Sterne-restaurant in Glas gehüllt: The Glass Garden ist die lichtdurchflutete Erweiterung des historischen Märchenschlösschens am Mönchsberg und die Spielwiese von Küchenchef Markus Mayr. Bei der Paarung der Produkte kennt er keine Einschränkung – Schwertfisch trifft Gams heißt die Devise seiner pfiffig-kreativen Gerichte mit famosen Saucen. Gerichte wie Gemälde sind auch ein Markenzeichen von Jürgen Vigne, einem der besten Köche Österreichs. Er liebt es, regionale Produkte mit französischem Touch zuzubereiten. Jedem Heimatfilm würde das barocke Ensemble seines Pfefferschiffs gut zu Gesicht stehen – im Gastgarten trifft sich die Prominenz.

www.senns.restaurant/de
www.hangar-7.com
www.monchstein.at
www.pfefferschiff.at

Restaurant Brunnauer

Bei den Salzburgern beliebt ist dieses auf raffiniert verfeinerte Heimatküche setzende Lokal am Krauthügel im Nonntal. Von der Altstadt führt ein hübscher Spazierweg dorthin – zurück lohnt sich der Höhen-weg über den Dächern der Altstadt.

www.restaurant-brunnauer.at

Rendezvous mit
Mozart

TEXT **KALLE HARBERG**

HIER IST ER GEBOREN UND
GROSS GEWORDEN: 25 JAHRE LEBTE
MOZART IN SALZBURG,
BEVOR ER SEIN GLÜCK IN WIEN SUCHTE.
IN **25 GESCHICHTEN** ERZÄHLT
MERIAN VON SEINEN LIEBEN, LASTERN
UND LAUNEN. VON SEINEN ERFOLGEN
UND DEM TRITT IN DEN HINTERN,
DER IHN AUS DER STADT VERJAGTE.
UND VON DER STADT, DIE JETZT EINE
SENSATION IHR EIGEN NENNT:
EIN BISLANG UNBEKANNTES
MOZART-STÜCK

1

Joannes Chrysostomus Wolfgangus Theophilus. Auf diese Namen wurde das siebte und jüngste Kind der Familie Mozart am 28. Januar 1756, einen Tag nach seiner Geburt, um halb elf im Salzburger Dom getauft. Der griechische Name Theophilus entspricht dem deutschen Gottlieb und dem lateinischen Amadeus, woraus Mozart ab etwa 1777 Amadée machte. Amadeus nannte er sich zu Lebzeiten selten, der Name ist vor allem eine Abwandlung der Nachwelt, die im Salzburger Dom übrigens noch heute das Taufbecken sehen kann, in das der kleine Theophilus einst getunkt wurde.

2

Das Wunderkind als Kinderspielzeug: Seit 2019 hat Mozart sogar seine eigene Playmobil-Figur, die in Zusammenarbeit mit der wissenschaftlichen Abteilung der Stiftung Mozarteum erstellt wurde – originalgetreu mit Perücke, rotem Rock, schwarzen Schuhen mit Goldschnallen und natürlich der Geige. Nur 3,99 Euro kostet das Souvenir, das etwa in den Mozart-Museen erhältlich ist und dessen Erlöse der Arbeit der Salzburger Stiftung zugutekommen, die das Erbe des Komponisten erhält.

3

»ICH NENNE IHN OFT BEIM VORNAMEN«
Dr. Gabriele Ramsauer, Leiterin der Mozart-Museen hat ihr Büro in Mozarts Geburtshaus

MERIAN: Sie arbeiten dort, wo das Musikgenie mit seiner Familie die ersten 17 Jahre lebte. Hatten es die Mozarts hier gemütlich?
GABRIELE RAMSAUER: Das Haus befindet sich im Zentrum der Salzburger Altstadt und war für damalige Verhältnisse ein schönes Quartier. Aber so ein mittelalterliches Haus ist an und für sich nie gemütlich. Die Familie wohnte im dritten Stock. Je weiter man in diesem Haus nach oben kommt, umso niedriger werden die Wohnräume. Obwohl sie mehr als hundert Quadratmeter groß ist, macht die Wohnung der Mozarts eigentlich einen kleinen Eindruck.
Wenn man wie Sie jeden Tag in dieses Haus kommt, entwickelt sich da eine besondere Verbundenheit zu Mozart?
Ja, schon. Es ist etwas ganz Besonderes, gerade im Winter, wenn es kalt ist in diesem sperrigen Haus. Mozart wurde am 27. Januar geboren, und wenn dieses Winterlicht durch die Gänge fällt – das hat schon eine spezielle Atmosphäre. Ich nenne ihn übrigens oft auch beim Vornamen. Das ist irgendwie in Fleisch und Blut übergegangen, dass man von

Wolfgang spricht, auch, um ihn vom Vater zu unterscheiden.
Das Geburtshaus ist eines der meistbesuchten Museen Österreichs, auch Prominenz wie das schwedische Königspaar schaut schon mal vorbei. Mit welchen Exponaten beeindrucken Sie besonders?
Wir besitzen Originalinstrumente von Mozart, insgesamt vier Streichinstrumente und zwei Tasteninstrumente, und es ist immer ein besonderer Höhepunkt, diese Instrumente vorzuführen. Die sind alle noch spielbar.
Sie reisen mit den Instrumenten auch um die Welt, um sie vorzuführen. Ist das nicht unheimlich nervenaufreibend?
Ich bin immer so froh, wenn ich wieder daheim bin! Wir haben strenge Sicherheitsvorgaben: Es müssen Banksafes und Sicherheitsräume gesucht werden. Ein einfacher Hotelsafe, das geht nicht. Und die Geigen dürfen nur unter unserer Aufsicht bewegt und gespielt werden. Für die Musiker ist es erstmal eine Umstellung, dass immer jemand da ist, der das Instrument trägt und sie beim Spielen nicht aus den Augen lässt – aber trotzdem genießen sie es meistens sehr.

4

**DAS BERÜHMTESTE
PORTRÄT MOZARTS
IST EIGENTLICH NUR
EIN AUSSCHNITT.**

Das Gemälde von Johann
Nepomuk della Croce, das
heute in Mozarts Salzburger
Wohnhaus hängt, zeigt in
Wahrheit die gesamte Familie:
Wolfgang, damals schon Mitte
zwanzig, und seine ältere
Schwester Maria Anna spielen
am Cembalo, Vater Leopold
sitzt mit der Violine daneben,
hinter ihm hängt ein Porträt
der verstorbenen Mutter. Maria
Anna, meist Nannerl genannt,
hielt das Gemälde für das
exakteste ihres Bruders, auch
wenn es vielleicht ein wenig
schmeichelhaft war: Mozart
soll kein attraktiver Mann
gewesen sein.

5

ORAGNA FIAGATA FA
MARINA GAMINA FA.
DAS SIND DIE AUSGE-
DACHTEN WORTE DES
GUTE-NACHT-LIEDES,
DAS DER JUNGE MOZART
ERFAND UND BIS ZUM
ZEHNTEN LEBENSJAHR
JEDEN ABEND MIT
SEINEM VATER SANG.

Vier Jahre war Mozart alt, als er sein erstes Konzert komponierte.
Oder zumindest ein Stück, das er so nannte. Als sein Vater Leopold und Hoftrompeter Johann Andreas Schachtner den Jungen beim Notenschreiben erwischten, mussten sie zunächst lachen. Dann aber sah sich sein Vater die Blätter genauer an und fing vor Glück an, zu weinen. »Sehen sie, Herr Schachtner, wie alles richtig und regelmässig gesetzt ist«, soll er gesagt haben. »Nur ists nicht zu brauchen, weil es so ausserordentlich schwer ist, dass es kein Mensch zu spielen im Stande wäre.« Sein Sohn entgegnete, dass es gerade deswegen ein Konzert sei. »Man muss so lange exercieren, bis man es treffen kann, sehen Sie, so muss es gehen.« Und er spielte den gestandenen Musikern einen Teil seiner ersten Komposition vor.

7

Seinen ersten Auftritt hatte das Wunderkind Mozart nicht als Musiker, sondern als Tänzer!
Mit fünf Jahren trat er in der Aula der Universität Salzburg an der Seite vorwiegend adliger Studenten und Schüler auf – in dem Schuldrama »Sigismundus Hungariae Rex«.

8

Seine berühmtesten Werke komponierte Mozart in Wien, was aber nicht bedeutet, dass die Salzburger sie nicht verehren – oder bisweilen sogar für sich vereinnahmen. Am Mirabellgarten steht das Zauberflötenhäuschen, in dem Mozart von seinem Dichter Emanuel Schikaneder festgehalten worden sein soll, um »Die Zauberflöte« rechtzeitig fertigzustellen. Einer anderen Überlieferung nach traf sich Mozart hier mit den Sängern, um die Oper zu proben. Fest steht:

Das Häuschen stand einst im Wiener Freihaus-Komplex, zu dem auch das Freihaustheater gehörte, in dem »Die Zauberflöte« 1791 ihre Uraufführung feierte. 82 Jahre später schenkte der Besitzer des Freihauses den Pavillon der Internationalen Mozart-Stiftung in Salzburg, Vorgängerin der Internationalen Stiftung Mozarteum, die ihn in ihre Stadt brachte. Heute kann das Zauberflötenhäuschen im Sommer bei Führungen durch das Mozarteum besichtigt werden.

Marco D'Andrea
*leitet seit der Eröffnung
2018 die Patisserie im
Hamburger Luxushotel
»The Fontenay«. Er
wurde mehrfach ausge-
zeichnet, der Restaurant-
führer »Gault & Millau«
etwa hat ihn zum
»Patissier des Jahres
2020« gekürt*

9

ICH GEB MIR DIE KUGELN!

Schokolade, Marzipan, Nougat: Als Patissier kennt sich Marco D'Andrea aus mit
den Zutaten der **Mozartkugel.** Erfunden
wurde die nach dem berühmten Komponisten benannte »Original Mozartkugel« vor
mehr als hundert Jahren vom Salzburger
Konditor Paul Fürst, dessen Nachfahren sie
noch heute herstellen – wie inzwischen
viele weitere Wettbewerber. Für MERIAN
hat sich D'Andrea durchgekostet. Unter
den Kugeln der großen Süßwarenfabrikan-
ten lobte er Reber und Hofbauer, Mirabell
dagegen fiel durch: »Zu süß und mit viel,
aber nicht mit guter Schokolade gemacht.«
Er testete für MERIAN auch die Kugeln
lokaler Manufakturen, hier ist seine
Wertung auf einer Skala von 1 bis 5:

Konditorei Fürst ●●●●●
»Das sind die besten! Man sieht, dass
die Kugeln handgerollt sind und merkt die
Qualität der Zutaten. Im Innern ist viel
herbes Nougat, das finde ich gut, weil so
das Marzipan nicht dominiert.«

Altstadt-Confiserie ●●●●○
»Die Schokoschicht ist sehr dünn, wie
es sein sollte – sie soll die Kugel nur um-
manteln. Die herbe, leicht salzige
Nougatcreme macht sie sehr lecker.«

Confiserie Josef Holzermayr ●●●○○
»Zwei Sorten Marzipan, wenig Nougat –
das finde ich die falsche Kombi. Aber
das Mandelmarzipan ist nicht zu süß
und schmeckt, als wäre es mit vielen
Mandeln hergestellt worden.«

Konditorei Habakuk ●●●○○
»Für die Kugel wurde wohl cremiges
Nougat und weiches Marzipan in einen
Schokoladen-Hohlkörper gespritzt. Sie
schmeckt ganz gut, ist aber sehr süß.
Beim Aufschneiden ist die Füllung aus-
gelaufen, optisch ist das ein Desaster.«

Konditorei Fürst: Brodgasse 13
Altstadt-Confiserie: Münzgasse 2
Confiserie Holzermayr: Alter Markt 7
Konditorei Habakuk: Linzer Gasse 26

Autor: Jonas Morgenthaler

10

Ein Briefverkehr verbindet Mozart mit einem anderen berühmten Salzburger: Schriftsteller Stefan Zweig. Der Schriftsteller, der von 1919 bis 1934 in einem Schlösschen auf dem Kapuzinerberg lebte, besaß einige der berüchtigten Bäsle-Briefe. »Bäsle« war der Kosename Mozarts für seine zweieinhalb Jahre jüngere Cousine Maria Anna Thekla Mozart, die er in Augsburg kennenlernte und mit der er aller Wahrscheinlichkeit nach seine ersten sexuellen Erfahrungen machte. Der Begegnung folgte ein zotiger Briefwechsel, in dem Mozart seine Cousine dazu aufforderte, ihn zu besuchen: »also kommen sie gewis, sonst ist ein schys; ich werde alsdan in eigner hoheperson ihnen Complimentiren, ihnen den arsch Petschieren, ihre hände küssen, mit der hintern büchse schiessen…« Seine Cousine kam Mozart übrigens wirklich im Januar 1779 in Salzburg besuchen, aber das Treffen scheint so enttäuschend verlaufen zu sein, dass der Briefwechsel danach langsam einschlief. Jedenfalls gelangten die Briefe über die Jahre in die Hände Stefan Zweigs, der sie mit seinem Zeitgenossen Sigmund Freud teilte. Dessen Antwort: »In mehreren Analysen mit Musikern ist mir deren besonderes, in die Kindheit zurückreichendes Interesse für die Geräusche, die man mit dem Darm macht, aufgefallen. Ob man das nur als Spezialfall des allgemeinen Interesses für die Tonwelt betrachten darf, oder ob man annehmen soll, in die (uns unbekannte) Begabung für Musik gehe eine starke anale Komponente ein, lasse ich unentschieden.«

11

Wenn er nicht am Klavier saß oder Geige spielte, vergnügte sich Mozart gern beim Bölzlschießen. Am Sonntag waren oft Freunde bei der Familie zu Besuch, um der damals beliebten Freizeitaktivität nachzugehen – aus fünf bis sieben Metern schoss man dabei mit Luftdruckgewehren auf Holzscheiben mit teils skurrilen Motiven. Mozart ließ per Brief sogar seine eigene Zielscheibe anfertigen: »ein kleiner Mensch mit lichten haaren steht gebückt da, und zeigt den blosen arsch her. aus seinen Mund gehen die wort. guten appetit zum schmaus.« Dass das Fadenkreuz dabei nicht auf dem Hintern liegt, wirkt allerdings wie eine vertane Chance.

12

»GEIGEN MIT EINER GEWISSEN AURA«

Adrian Elschek restauriert und pflegt Mozarts Violinen

MERIAN: Herr Elschek, auf welchen Geigen, die noch erhalten sind, hat Mozart gespielt?
ADRIAN ELSCHEK: Da gibt es die kleine Geige, auf der er als Junge gelernt hat. Dann die noch im barocken Zustand erhaltene Salzburger Konzertvioline und eine dritte Geige, die er in Wien gespielt hat. Die Konzerte, die er komponierte, hat er wahrscheinlich auf seiner Salzburger Geige gespielt. Aber Konzerte fanden damals im Spätbarock und Anfang der Klassik nicht in großen Sälen, sondern in kleineren Räumen oder Kirchen vor höchstens ein paar Hundert Menschen statt.

Wenn Sie täglich mit solch unschätzbar wertvollen Instrumenten arbeiten, kriegen Sie da auch mal feuchte Finger?
Diese Instrumente haben natürlich eine gewisse Aura, und es ist schön, sie in der Hand zu halten, natürlich ohne zu zittern! Aber ab einem bestimmten Punkt muss man dann professionell sein und das machen, was das Instrument braucht in Hinsicht aus Akustik, Ästhetik und Erhaltungszustand.

Haben Sie schon selbst eine der Geigen gespielt?
Ja, ich probiere sie immer selbst aus. Es gibt viele Geigenbauer, die nicht spielen können. Ein toller Musiker bin ich auch nicht, aber es reicht, um herauszuhören, ob es mit der Arbeit in die richtige Richtung geht. Letztes Wort hat dann aber immer der ausübende Musiker, mit dem wir die endgültigen akustischen Einstellungen vornehmen.

13

Genies brauchen auch mal eine Kaffeepause. Mozart machte seine bisweilen im »Café Staiger«, wo er womöglich seine geliebte Mandelmilch trank, damals wie heute ein Modegetränk, und dabei die Zeitung gelesen haben soll. Das 1700 gegründete Café am heutigen Alten Markt gibt es übrigens immer noch. Es heißt mittlerweile »Café Tomaselli« – und ist Österreichs ältestes Kaffeehaus.

Rolando Villazón, geboren 1972 in Mexiko-Stadt, ist einer der bekanntesten Tenöre der Welt – und seit 2017 künstlerischer Leiter der Mozartwoche, die immer im Januar in Salzburg stattfindet

14

WAS MACHT MOZART ZUM GENIE, HERR VILLAZÓN?

MERIAN: Am Anfang erst einmal die Formalitäten: War Mozart für Sie überhaupt ein Genie?
ROLANDO VILLAZÓN: Absolut. Er war nicht nur ein Genie. Er war das vielleicht größte Genie, das es je gab.
Was genau zeichnet seine Genialität für Sie aus?
Da gibt es verschiedene Facetten. Wie früh er als kleiner Junge Geige, Viola und Klavier spielte und wie früh er dieses Spiel verstand – nicht nur das Musizieren, sondern auch das Leben. Die Opern, die er als Teenager schrieb, handeln von Liebe und Tod, von echten Gefühlen. Da war er ein junger Mann, der sie selbst noch nicht erlebt hatte. Als Höhepunkt von Mozarts Schaffen werden immer seine letzten zehn Jahre in Wien gesehen. Aber auch die Violinkonzerte und Sinfonien, die er in Salzburg schrieb, gehören zur größten Musik, die je komponiert wurde. Und er war trotzdem ein praktischer Mann, der gegen Bezahlung komponierte. Mozart war nicht jemand, der sich in einen abstrakten Raum zurückzog, um eine neue Sprache der Musik zu erfinden. Die Musik war sein Beruf, und er wusste, dass er der Beste ist.
Schon als Kind reiste Mozart mit seinem Vater in viele Länder, wurde etwa vom französischen Königspaar oder Papst empfangen. Hat er sein Talent jemals als Bürde empfunden?
Ich glaube schon. Als er nicht mehr das Wunderkind war, nicht mehr dieser süße Mozart, der alles spielen konnte, sondern ein junger Mann, das war eine ganz schwierige

Zeit. Mozart suchte nach einer hohen Anstellung an einem europäischen Hof, aber die Einladungen, die er erwartete, blieben aus. Ich glaube, es war schwierig für ihn zu wissen, wie hochtalentiert er war, und dass ihm eine solche Position dennoch verwehrt blieb.
Quälte selbst Mozart sich auch mal beim Musizieren?
Es gibt diesen Mythos, dass er alles einfach aufschrieb und dann damit fertig war. Das konnte er auch, aber es lief nicht immer so. Es war Arbeit. Von den originalen Schriftstücken – ich habe hier die Facsimiles von »Don Giovanni« – wissen wir, dass er einige Kompositionen ruhen ließ und später zu ihnen zurückkehrte, um ein Motiv zu verschieben oder eine Stimme hinzuzufügen.
Also war Mozart nicht talentierter als er diszipliniert war?
Er war auch ein harter Arbeiter. In Wien war er freischaffender Künstler, komponierte nicht nur, sondern suchte Sponsoren, schrieb Einladungen. Hatte er Spaß? Viel. Er lebte sein Leben. Aber er hat auch sehr hart gearbeitet. Mehr als 10000 Blätter Musik hat er komponiert. 10000! In einem seiner Briefe schrieb er aber auch: Ich habe jetzt die Musik. Ach, jetzt muss ich sie schreiben. Sein Kopf war schneller als seine Hand.
Sie sind als Tenor schon in vielen von Mozarts Opern aufgetreten. Stellen die an Sänger besondere Anforderungen?
»Prima la musica e poi le parole« hat Mozart geschrieben. Erst die Musik und dann die Worte. Man muss als Sänger

Teil der gesamten musikalischen Konstruktion werden, ein weiteres Instrument im Orchester. Und dann muss man auch noch seine Rolle ausfüllen. Und besonders für Tenöre gibt es ganz wenige Stücke Mozarts, bei denen das Publikum spürt, wie schwierig sie zu singen sind. Ferrando in »Così fan tutte« ist eine der schwierigsten Rollen, die es gibt. Vielleicht die schwierigste.

»Es gibt kein großes Genie ohne einen Schuss Verrücktheit«, sagte schon Aristoteles. War Mozart auch ein wenig verrückt?
Manchmal finde ich, wir denken, diese Genies kämen von einem anderen Planeten. Nein, nein, die kommen von unserem Planeten und sind wie jeder von uns. Ja, Mozart sprang bei einem Wiedersehen schon mal auf den Tisch und rief: miau, miau, miau! Ja, er war extravagant. Aber er war nicht nur dieser verrückte Mann, sondern ein vernünftiger, sehr intelligenter Mensch. Er war spielerisch, aber Salzburg war spielerisch, und Mozart war ein Sohn dieser Stadt. Salzburg war damals ein ganz lebendiges und frei denkendes Herrschaftsgebiet. Der skatologische Humor, den er in seinen Briefen verwendet – es gab diese Lebensfreude in Salzburg, die Leute hier waren originell.

Der Geniekult um Mozart im 18. Jahrhundert versuchte, diese eben teilweise obszönen Briefe zu unterdrücken. Finden Sie es schwierig, die verschiedenen Seiten Mozarts miteinander zu vereinbaren?
Nein. Ich glaube, wir sind heute in der besten Position, Wolfgang Amadeus Mozart so zu nehmen, wie er wirklich war. Wir können den Mozart von dem Denkmal in Salzburg – diese übergroße romantische Vision – mit dem Mozart von Miloš Formans Film »Amadeus« zusammenbringen. Ich liebe diesen Film, aber Forman hat nur einen Teil Mozarts gezeigt: Mozart als Clown. Diesen Clown gab es, und er hat zu einem gewissen Grad dann das Denkmal ersetzt. Aber Mozart war auch ein ganz ernster, ein seriöser Mann. Heute ist der beste Moment, um zu sagen: Er war weder das eine noch das andere. Er war beides.

Sie bezeichnen Mozart nicht nur als Genie, sondern als Ihren Freund. Wie lange hält diese Freundschaft schon?
Seit 2010. Da habe ich für eine Aufnahme von Mozarts letzten Opern meinen ersten Don Ottavio gesungen. Bevor ich die Rolle lernte, las ich ein Buch mit einer Auswahl von Mozarts Briefen. Für ein anderes Projekt hatte ich zuvor schon Verdis Briefe gelesen und ihn wie einen altmodischen Großvater lieben gelernt. Aber Mozarts Briefe, das war wie eine Konversation, mit der er in mein Leben getreten und geblieben ist. Dieses Buch mit seinen Briefen lese ich noch heute jeden Tag. Ich nehme es zur Hand wie andere die Bibel. Darin ist alles unterstrichen.

Mit einer Mariachi-Band singen Sie dem Komponisten während der Salzburger Mozartwoche, deren künstlerischer Leiter Sie sind, immer vor seinem Geburtshaus ein Geburtstagsständchen. Glauben Sie, das hätte Ihrem Freund gefallen?
Ich glaube, er hätte Spaß dabei gehabt. Vielleicht hätte er sogar gesagt: Oh, so geht das aber nicht, das können wir verbessern, ich schreibe etwas! Aber ich bin sicher, Mozart wäre unglaublich glücklich über unsere Mozartwoche. Weil alles mit ihm zu tun hat, wir spielen nur seine Musik und zeigen, was er liebte: Pantomime, Marionetten, Improvisation. Natürlich mit den besten Musikern und Sängern der Welt, die dafür nach Salzburg kommen.

Stellen Sie sich Mozart eigentlich als einen getriebenen oder einen glücklichen Menschen vor?
Insgesamt als einen glücklichen. Mozart war jemand, der das Leben genommen hat, wie es kam. Traurigkeit war nichts Tragisches für ihn, es gehörte zum Leben dazu. In jedem seiner Werke, auch in den dunkelsten, kam am Ende Licht. Das war Mozart: Auch in den schwierigsten Momenten konnte er einen Witz machen, konnte er fröhliche Musik komponieren. Und das heißt: Er trug es in sich, diese herrliche, erhabene Musik zu schreiben.

Welches seiner Werke fand Mozart denn selbst am gelungensten?
Jedes Mal, wenn er etwas Gutes komponierte, hielt er es für gelungen. Aber über das Quintett in Es-Dur für Klavier, Oboe, Klarinette, Horn und Fagott, heute Nummer 452 im Köchelverzeichnis, in dem alle Werke Mozarts aufgelistet sind, schrieb er an den Vater: Ich glaube, das ist das Beste, was ich je komponiert habe.

15

Dreimal täglich hört Salzburg gemeinsam Musik. Um 7, 11 und 18 Uhr ertönt das Glockenspiel auf dem Turm der Neuen Residenz – und das schon seit mehr als 300 Jahren. Der Uhrmachermeister Jeremias Sauter konstruierte hauptverantwortlich den komplexen Mechanismus aus 35 Glocken im Auftrag des Erzbischofs. Über 100 Stücke können die Glocken spielen – selbstverständlich auch einige Mozarts, zum Beispiel »Reich mir die Hand, mein Leben« aus »Don Giovanni«.

»Ich schwöre ihnen bey meiner Ehre«, schrieb Mozart 1779 an seinen Vater, »daß ich Salzburg und die ihnwonner (ich rede von gebohrnen Salzburgern) nicht leiden kann.« Mit den Jahren verschlechterte sich Mozarts Beziehung zu seiner Heimatstadt. Aber so oft wie er sich über Salzburg beschwerte, so ist es möglich, dass seine Verachtung für seinen Arbeitgeber, Fürsterzbischof Hieronymus von Colloredo, seine Meinung verzerrt haben mag. Nur ein Jahr später schrieb Mozart an seinen Vater: »mir wird bey meiner Ehre nicht Salzburg – sondern der Fürst – die stolze Noblesse – alle tage unerträglicher.«

16

17

3720 Tage seines Lebens verbrachte Mozart auf Reisen. Das sind mehr als 10 Jahre – in Wahrheit verbrachte er also weniger als 25 Jahre in Salzburg. Nach seinem Abschied Richtung Wien führte ihn nur eine einzige Reise zurück in die Stadt: Er wollte der Familie seine Frau Constanze vorstellen.

Die Bibliotheca Mozartiana wirkt wie ein beschaulicher Lesesalon, ist aber die weltweit einzige Spezialbibliothek zum Leben und Schaffen Mozarts. Die Sammlung umfasst rund 35 000 Bücher und Aufsätze sowie über 6000 Musikalien, ein Großteil aus dem ehemaligen Besitz von Mozarts Witwe Constanze und ihrer beider Söhne. Die vermachten es dem Vorgänger der Stiftung Mozarteum, die sich heute um sie kümmert. Die allerheiligsten Schriften wie Mozarts Originalbriefe befinden sich allerdings nicht in der Bibliothek, sondern in dem Autographentresor der Stiftung unter dem Wohnhaus der Mozarts. Nur im Rahmen besonderer Führungen kann dieser heute besucht werden. *Schwarzstr. 26*

18

»ER HAT VOR ALLEM IMPROVISIERT«

Prof. Heribert Metzger ist 250 Jahre
nach Mozart Organist im Salzburger Dom

MERIAN: Mozart war ab 1779 selbst zwei Jahre Hoforganist. An welcher Orgel hat er damals gespielt?
HERIBERT METZGER: Vor allem an der Orgel am südöstlichen Kuppelpfeiler. Das war die Hoforgel, also praktisch sein Arbeitsplatz. Allerdings sind die Orgeln aus dieser Zeit nicht mehr vorhanden. Sie wurden 1859 abgetragen, weil man die barocken Orgeln in diesem Dom, den man damals als »Renaissance-Bau« bezeichnete, als stilfremd empfand.

Mozarts Virtuosität an der Violine und am Klavier sind legendär. Wie hat er sich an der Orgel geschlagen?
Man weiß, dass Mozart überall, wo er hinkam, die Orgel kennenlernen wollte. Überliefert ist uns ein Brief an seinen Vater, in dem er vom Besuch bei dem Klavier- und Orgelbauer Stein in Augsburg berichtet: Der sei verwundert gewesen, dass sich ein »Clavierist« seines Ranges für die Orgel interessiere. Für Mozart war aber, wie er schreibt, »die Orgel doch der König der Instrumente«.

Trotzdem hat Mozart kein einziges Werk explizit für die Orgel komponiert. Warum nicht?
Mozart gehörte noch zu den Musikern, die auf einen Auftrag hin komponierten. Im Dom spielte er kleine thematische Einführungen für den Gesang, und er hat vor allem improvisiert. Aber es gibt Stücke von ihm, in denen die Orgel solistisch hervortritt, etwa die Kirchensonaten und zwei Messen.

Ist es ein erhabenes Gefühl, in dem gleichen Gotteshaus wie Mozart zu spielen?
Natürlich, aber nicht nur wegen Mozart. Hier haben viele berühmte Leute gewirkt. Man bewegt sich auf ganz besonderem Boden, keine Frage. Wolfgang Amadé Mozart war natürlich der berühmteste Name. Was die Dienstzeit angeht, habe ich ihn überholt – aber nur in dieser Hinsicht.

---

450 GULDEN IM JAHR VERDIENTE MOZART, WÄHREND ER 1779 BIS 1781 ALS SALZBURGER HOFORGANIST ARBEITETE. ZUM VERGLEICH: EIN TAGELÖHNER MUSSTE IN DIESER ZEIT MIT ETWA 25 GULDEN IM JAHR AUSKOMMEN.

Mit einem Tritt in den Allerwertesten endete Mozarts Zeit in Salzburg. Zerrüttet war das Verhältnis zwischen Fürsterzbischof Colloredo und seinem Domorganisten; »dort ist die thür, schau er, ich will mit einem solchen elenden buben nichts mer zu thun haben«, zitiert Mozart den Erzbischof in einem aufgewühlten Brief, »endlich sagte ich – und ich mit ihnen auch nichts mehr.« Mozart versuchte zweimal erfolglos, seine Entlassungspapiere zu übergeben und wurde schließlich von Oberküchenmeister Karl Graf von Arco mit einem Tritt in den Hintern verabschiedet. »Nun, das heisst auf teutsch, daß Salzburg nicht mehr für mich ist«, schrieb Mozart, der von nun an in Wien lebte, aber nicht, ohne Rache zu schwören: »ausgenommen mit guter gelegenheit dem H. grafen wieder ingleichen einen tritt im arsch zu geben.«

21

Papageno als Puppenstar
Mozarts Opern auf kleiner, feiner Bühne: Das Salzburger Marionettentheater inszeniert sie mit seinen in eigenen Werkstätten liebevoll gefertigten Holzpuppen. Das Theater wurde 1913 eröffnet – mit einer Aufführung von Mozarts »Bastien und Bastienne« – und gehört seit 2016 zum immateriellen Kulturerbe der UNESCO. Der Dauerbrenner: »Die Zauberflöte«, die seit mehr als 60 Jahren aufgeführt wird, mittlerweile auch in einer kindgerechten Kurzfassung, die nur eine Stunde dauert.

22

23

ELF ZEILEN. SO KURZ WAR DER NACHRUF, DER NACH MOZARTS TOD IN DER SALZBURGER *STAATSZEITUNG* ERSCHIEN.

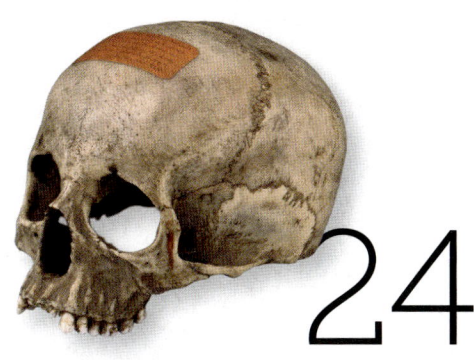

24

Ist das der Kopf des Komponisten? Mozart starb am 5. Dezember 1791 in Wien und wurde in einem anonymen Massengrab beigesetzt. Bei der Räumung des Grabs zehn Jahre später fand der Totengräber einen Schädel, ein Anatom kam zu dem Schluss: Das ist der Schädel Mozarts! Jahre später gelangte er an die Internationale Mozart-Stiftung in Salzburg, neue Gutachten wurden erstellt – bis man in den historischen Aufzeichnungen feststellte, dass der Schädel einst sieben Zähne gehabt haben soll, dieser aber elf besaß. Wo der echte Schädel geblieben ist und ob er überhaupt jemals ausgegraben wurde, bleibt bis heute ein Rätsel.

25

»DER MARKTWERT FÜR EINE SEITE MOZART LIEGT BEI MINDESTENS 100 000 EURO«

Dr. Ulrich Leisinger, wissenschaftlicher Leiter der Internationalen Stiftung Mozarteum, die ein bisher unbekanntes Mozart-Stück erwarb

MERIAN: Bei der Mozartwoche 2021 hat die Stiftung Mozarteum ein bisher unbekanntes Stück Mozarts veröffentlicht. Worum handelt es sich bei dem Werk?

ULRICH LEISINGER: Es ist ein Klavierstück in D-Dur. Durch eine Untersuchung der Handschrift wissen wir, dass Mozart es ungefähr Anfang 1773 aufgezeichnet haben muss. Das Stück befand sich zwischen 1900 und 1928 mehrmals auf dem Auktionsmarkt und wurde dann von einer französisch-belgischen Ingenieursfamilie gekauft. Die Existenz des Stücks war also bekannt, aber gesehen hat es niemand. Die Erben der Familie haben es der Stiftung exklusiv zum Kauf angeboten – und wir haben zugeschlagen. Ein komplettes Stück in Mozarts Handschrift ist etwas ganz Besonderes.

Wie viel hat der Erwerb des Stücks gekostet?
Das darf ich tatsächlich nicht verraten. Aber der Marktpreis für eine von Mozart geschriebene Seite liegt heute bei mindestens 100 000 Euro.

Das letzte Mal wurde ein komplettes und neues Werk Mozarts 1956 veröffentlicht. Es ist ein Sensationsfund. Was finden Sie an dem Werk besonders spannend?
Das Rätselhafte ist, dass wir dieses Stück nicht normal einordnen können. Es ist eine Klavierübertragung von einem Orchesterwerk. Und es hat eine ganz eigene Geschichte. Die allermeisten Mozart-Autographen befan-

den sich in seinem Nachlass, den seine Witwe von ihrem zweiten Ehemann sortieren ließ. In diesem Fall hat er das nicht gemacht, es taucht aber im Besitz von Mozarts Sohn auf. Dieses Stück – und es gab mehrere solcher Fälle – ist offensichtlich im Besitz von Mozarts Schwester Maria Anna in Salzburg geblieben, die es ihrem Neffen bei seinem Besuch 1820 schenkte. Und Maria Anna hat nur die Stücke behalten, die für sie persönlich gedacht waren. Mozart hat es also extra für sie geschrieben.

Wie hört sich das Stück denn an?
Es ist ein Tanzsatz im Dreivierteltakt. Die Klavierübertragung ist dreiteilig, und man hört dem Mittelteil an, dass er für Oboen und Hörner gedacht ist. Das Werk ist richtig charmant. Aber es ist auch keine »Kleine Nachtmusik«.

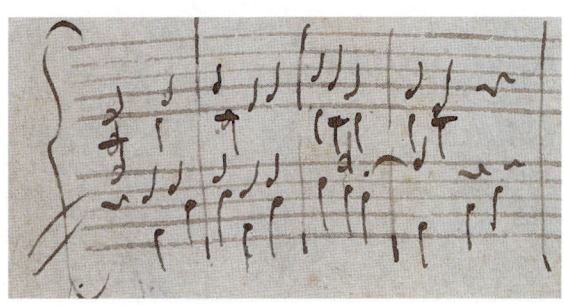

Alles in seinem Namen

Salzburg macht das Beste aus Mozarts großem Erbe, zeigt seine Schätze in gleich zwei Museen, widmet ihm ein Festival – und sogar eine eigene Musikhochschule

Mozart-Museen

Erste Anlaufstelle in Sachen Mozart ist die Internationale Stiftung Mozarteum. Die gemeinnützige Organisation geht zurück auf den 1841 gegründeten »Dom-Musik-Verein und Mozarteum«, dem Mozarts Witwe Constanze und seine beiden Söhne wichtige Erinnerungsstücke vermachten. Zu sehen sind diese heute vor allem in zwei Museen: zum einen in Mozarts Geburtshaus in der Getreidegasse, wo man durch die Räume schlendert, in denen die Mozarts anfangs lebten. Als die Wohnung zu klein wurde, zog die Familie in das Mozart-Wohnhaus am Makartplatz, das heute neben Schätzen wie Mozarts Hammerklavier Wechselausstellungen zeigt – jüngst etwa zum Leben von Mozarts Vater Leopold.
Geburtshaus und Mozart-Wohnhaus: www.mozarteum.at/museen-gebaeude

Mozartwoche

Als ihr Intendant, sagt Rolando Villazón, sei es seine Aufgabe, Mozart zu dienen. Zusammen mit der Stiftung Mozarteum organisiert er das Musikfestival, das jedes Jahr um den Geburtstag des Komponisten am 27. Januar stattfindet. Zum ersten Mal fand die Mozartwoche 1956 statt, und bis heute ist sie das einzige Festival, das die Stadt ausdrücklich ihrem berühmtesten Sohn gewidmet hat. Nach einigen künstlerischen Ausflügen werden mittlerweile wieder ausschließlich Mozarts Werke aufgeführt – wenn auch in den verschiedensten Formen, neben Konzerten und Kammermusik gibt es auch Pantomime und Filme. 2021 stehen 56 Veranstaltungen auf dem Programm, Thema ist vor allem Mozarts Schaffen als Musikdramatiker. Bei Redaktionsschluss sollte die Mozartwoche 2021 planmäßig stattfinden, allerdings mit einem verringerten Sitzplatzkontingent aufgrund der Corona-Pandemie.
www.mozarteum.at/mozartwoche2021

Konzerte
Aus dem Dom-Musik-Verein ging neben der Stiftung Mozarteum auch die Universität Mozarteum hervor, an der heute mehr als 2000 Studenten aus der ganzen Welt lernen. Immer wieder werden die Kompositionen des Namensgebers auch von den Studenten vor Publikum aufgeführt – 2021 etwa »Die Zauberflöte« und »La Clemenza di Tito«.
www.moz.ac.at/veranstaltungen

Rundgang
Wer nicht alleine auf den Spuren Mozarts durch Salzburg ziehen möchte: Panorama Tours bietet Stadtrundfahrten mit Mozart als Schwerpunkt an, die etwa zum Landestheater, zum Schloss Hellbrunn und zum Wohnhaus der Familie führen.
www.panoramatours.com

Lektüre
Bücher über das Genie gibt es zuhauf. Ein guter Einstieg und dabei mit viel Fachwissen unterfüttert: »Mensch Mozart! Antworten auf die 100 häufigsten Fragen« (Verlag Anton Pustet, ca. 16 Euro). Zum Autorenteam gehört auch Gabriele Ramsauer, Direktorin der Mozart-Museen.

Die Räume in Mozarts Geburtshaus sind karg, die Stücke unschätzbar wertvoll – wie seine Kindergeige

CICERO IM ABONNEMENT TESTEN.

» Testen Sie jetzt Cicero, das Magazin für politische Kultur.

3 AUSGABEN NUR 23,50 €

IHRE PRÄMIE!

Bergmann-Uhr „1955"
- » Schwarzes PU-Lederarmband
- » Qualitätsquarzwerk mit Sony-Batterie
- » Maße: Ø ca. 36 mm Zuzahlung 1,– €

3 AUSGABEN CICERO LESEN UND PRÄMIE SICHERN UNTER

WWW.CICERO.DE/PROBEABO | TEL: 030 - 3 46 46 56 56

Bei telefonischer Bestellung bitte immer die Bestell-Nr: **190 9138** angeben.

Das bleibt in der
FAMILIE

Seit Generationen trotzen sie mit Handarbeit
und Qualität der Konkurrenz. Zu Besuch in fünf
Traditionsläden in der Salzburger Altstadt

TEXT **INKA SCHMELING** FOTOS **CHRISTINA KÖRTE**

Mit Schirm, Charme und Optimismus:
Andreas Kirchtag (2. von links) setzt auf
handgefertigte Schirme. Die locken
Kunden aus aller Welt in seinen Laden. Und
brachten ihn 2020 durch die Corona-Krise

Die Stöcke aus zig Holzsorten sind ebenso von Hand gefertigt wie der Stoff. Rund fünf Stunden Arbeit stecken in jedem Kirchtag-Schirm. Der hält dafür gerne mal fürs ganze Leben

SCHIRMMANUFAKTUR KIRCHTAG

Echte Rettungs-Schirme

Eigentlich wollte Andreas Kirchtag den Familienbetrieb nicht übernehmen. Den Laden, den seine Urgroßeltern 1903 gegründet hatten und der nun von seinem Vater und Onkel geführt wurde: Neben Regenschirmen verkauften die zwei hier längst auch Taschen, Portemonnaies, Kulturbeutel – was die zunehmende Zahl an Salzburg-Touristen, viele davon aus Übersee, eben so brauchte. Kirchtag selbst ist eher ein Frickler als ein Verkäufer; nach der Lehre im Elektrogroßhandel hatte er 1990 gerade einen Vertrag bei einer Türtechnik-Firma unterschrieben. »Da sagte mein Vater: Bei uns ist eine halbe Stelle als Verkäufer frei geworden. Ich habe die vor allem angenommen, um mehr Zeit für den Reitsport zu haben.« Einmal im Laden, ließ der ihn jedoch nicht mehr los: Kirchtag sah, wie sein Vater und Onkel zu kämpfen hatten – immer weniger Kunden kamen, um ihre Schirme reparieren zu lassen; neue Schirme fertigten die beiden,

eigentlich gelernte Schirmmachermeister, gar nicht mehr an. Entlassungen standen an, als Kirchtag sagt: »Lasst uns wieder Schirme selbst machen. Ihr wisst, wie das geht, ich sag euch, wie die aussehen sollen.« Auf den ersten schlichten schwarzen Herrenschirm folgten immer mehr Varianten: Zig Holzsorten und Stofffarben hat Kirchtag heute im Angebot und längst auch eine Variante für Damen. Rund 500 Schirme stellt sein Team mit nun wieder fünf Werkstatt-Mitarbeitern im Jahr her. »Lange war das eher unser Liebhaberprojekt, das wir durch den Verkauf im Laden quersubventioniert haben«, erzählt Kirchtag. Dann aber brach im Corona-Jahr 2020 der internationale Tourismus ein. Große Koffer und billige Schirme wurden zu Ladenhütern, die Verkäufer musste Kirchtag in Kurzarbeit schicken. »Unsere eigenen Schirme aber waren gefragter denn je. Die haben uns 2020 über diese Krise gerettet.«

Getreidegasse 22, www.kirchtag.com

Ungekünstelt gut: Chef Franz Grabmer (rechts) und sein Bäckermeister holen jeden Tag bis zu 250 Kilo Sauerteigbrot aus ihrem Steinofen. Einzige Zutaten: Roggenmehl, Wasser und Salz

Das Backen ist des Müllers Lust

Am Fuße des Mönchsbergs, im Innenhof des Stifts St. Peter, wird der Brotkauf zur Zeitreise zurück ins 12. Jahrhundert, als hier am Almkanal ein Mühlrad die Mahlsteine in der Stiftsbäckerei St. Peter antrieb; es ist die älteste Bäckerei der Stadt. Doch vielleicht ist es zugleich eine Zeitreise in die Zukunft, hofft Franz Grabmer. Er hatte den Pachtvertrag für Mühle und Bäckerei 1972 von seinem Vater übernommen. Seit Generationen waren die Männer seiner Familie Müller, aber dann kam vorgeschnittenes Supermarkt-Brot in Mode. »Der Tod der kleinen Bäckereien ist auch der Tod der kleinen Mühlen.« Er selbst hat sich dem entgegengestellt, hat vor rund 30 Jahren für das Stift eine große Mühle an die Salzach gebaut, und als er die 2007 im Alter von 63 Jahren seinem Nachfolger übergab, da konzentrierte er sich ganz auf die Bäckerei in der Altstadt. Auch hier ließ er wieder ein Mühlrad installieren, das seitdem den Strom für die Bäckerei erzeugt, überschüssige Energie geht ans lokale Stromnetz. Franz Grabmer hat hier einen Produktionszyklus wiederauferstehen lassen, den er für zukunftsträchtig hält – das Getreide kommt vom Bio-Bauern im Waldviertel, das Holz für den Steinofen aus den Wäldern des Stifts. Für den Sauerteig lässt er die Schale separat mahlen und dann wieder beifügen; neben den feinen Vollkornbroten verkauft er auch würzige Vinschgauer und Rosinenbrötchen. Seine beiden Söhne, soviel ist klar, werden den Pachtvertrag nicht übernehmen. Aber Grabmer möchte auch die Stiftsbäckerei in gute Hände weitergeben. »An jemanden, der das hier nicht für Folklore hält. Sondern versteht, dass wir auf eine nachhaltige Weise Brot backen, das den Menschen gut tut. Und das schmeckt.«

Kapitelplatz 8, www.stiftsbaeckerei.at

Reine Knopfsache: Unter den 3500 Varianten bei »Knopferlmayer« findet jeder Kunde seinen Favoriten. Chefin Veronika Stockinger-Mayer hilft bei der Auswahl

Die Webbänder (links) sind hand-
verlesen, und auf Wunsch bezieht
Mitarbeiterin Irmi sogar Knöpfe mit
ausgewählten Stoffen. Solche Unikate
lieben die vielen Stammkunden

KNOPFERLMAYER

Sieg der Knöpfe

Was hat man sie belächelt, als Veronika Stockinger-Mayer 1994 den Laden ihres Vaters übernahm. Und sich entschied, nichts zu ändern. Nicht die Einrichtung, die noch aus den 1950ern stammt. Nicht das Sortiment an Kurzwaren, das aus Nadeln und Zwirn besteht und ganz besonders aus Knöpfen. Nicht das Konzept des Ladens, das auf Beratung setzt, auf kundiges, treues Personal also und auf Stammkundschaft. »Das sei alles altmodisch, haben viele auf mich eingeredet, heutzutage wolle doch keiner mehr bedient werden. Sondern einfach selbst seinen Knopf oder sein Garn aussuchen.« Stockinger-Mayer erzählt das mit gelassenem Achselzucken, ähnlich scheint sie auch damals, als 33-jährige Neu-Inhaberin, auf diese Ratschlä-ge reagiert zu haben. Denn: Es hat sich tatsäch-lich nichts geändert. Wer über die Schwelle von »Knopferlmayer« tritt, den sie in neunter Genera-tion führt, steht in einer Welt, die nun wieder ge-fragt ist, die Fünfziger-Jahre-Einrichtung ebenso wie das, was in den Schachteln und Schubladen hier bereitliegt. 3500 verschiedene Knopfsorten gibt es bei Knopferlmayer, jede in mehreren Größen und verschiedenen Farben. »Diese Auswahl weiß auch die junge Do-it-yourself-Generation wieder zu schätzen«, freut sich Stockinger-Mayer über ihre in den letzten Jahren gewachsene Zahl an Stamm-kunden. Für die macht sie möglich, was geht; sucht nach speziellen Knopf-Editionen in Italien oder stieg etwa im Corona-Lockdown 2020 kur-zerhand aufs Fahrrad, um telefonische Bestellungen auszuliefern. Der Onlinehandel ist für sie keine Konkurrenz, wohl aber für viele andere Traditions-läden in der Stadt. »Diese Entwicklung macht mich traurig. Wir haben hier in der Altstadt dank des Denkmalschutzes so schöne Fassaden. Aber was drinnen passiert, das regelt alleine der Markt.«
Rathausplatz 1, www.knopferlmayer.weebly.com

Lauter Dauerbrenner: Michael Sporer führt die Likör- und Punschmanufaktur in vierter Generation. In den Flaschen und Fässern lagern Spirituosen nach Rezepten seiner Vorgänger – und von ihm

Alte Fässer, neue Drinks

»Es ist wichtig, an den Traditionen festzuhalten«, sagt Michael Sporer und streicht über die Holzfässer, aus denen seine Familie seit 1903 Punsch und Likör verkauft. »Aber«, fügt er hinzu, »man darf gerade bei einem Traditionsgeschäft auch nicht stehen bleiben. Ich möchte diesen Laden weiterentwickeln.« Das, es ist ihm anzuhören, liegt ihm besonders am Herzen: das Weiterentwickeln. Fast jedes Jahr kreiert er einen neuen Punsch oder Likör und stellt ihn dann in eine Reihe mit den Kompositionen seiner Vorgänger: zu dem Orangenpunsch von Urgroßvater Franz, zum Kräuterbitter oder Wacholder-Zitronen-Likör von Großvater Otto. »Den hat er in den 1950ern mit Stammkunden gebraut; Anti-Grippin nennen die ihn seitdem unverdrossen und unseren Laden auch gerne mal Doktor Sporer.« Sein Vater Peter tüftelte vor allem an neuen Likören herum. Michael Sporer selbst holt, seitdem er 2010 das Geschäft komplett übernommen hat, ein neues Weite-Welt-Flair in die enge Ladenbar: Neben den eigenen Produkten wird hier nun auch eine gute Wein-Auswahl ausgeschenkt, zuletzt hat Sporer einen Wermut und einen mediterranen Bitter entwickelt. Doch auch wenn die alten Holzfässer nun immer mal wieder neue Kreationen fassen, hat sich der Laden selbst in vier Generationen kaum verändert. »Wir haben immer noch das Flair der alten Branntweinschenke von damals«, sagt Michael Sporer, stolz darauf, wie sehr er hier im Laden Tag für Tag die Balance findet zwischen Erneuern und Bewahren. »Alles, was wir hier an der Theke verkaufen, kann auch vor Ort gekostet werden. Der Ausschank ist die Seele unseres Geschäfts. Wer zu uns kommt, wird keine fünf Minuten alleine sein.«

Getreidegasse 39, www.sporer.at

Lederhosen nach Maß: Wie etliche Generationen vor ihr setzt Chefin Gabriele Jenner auf Handarbeit und Traditionstreue. Enkelsohn Dominik wird den Familienbetrieb übernehmen

Eine Lederhose für Louis Vuitton

Vor Kurzem sei ein Kunde auf die Idee gekommen, sich eine Lederhose teils nach Salzburger, teils nach Ausseer Tradition machen zu lassen. Sie habe ihn gewarnt, sagt Gabriele Jenner kopfschüttelnd. Aber er habe ja nicht hören wollen, und daher habe er eben kurz darauf wieder in ihrem Laden gestanden. Die Hose in der Hand, stocksteif war das Leder. »Die haben ihn im Ausseerland in den See geworfen!« Es ist eine Geschichte, die typisch ist für diesen kleinen Laden am Residenzplatz und für seine Inhaberin Gabriele Jenner. Typisch, weil sich vermutlich niemand in Salzburg so genau mit den Gepflogenheiten der hiesigen Trachten auskennt wie sie. Immerhin wurde der Trachtenladen, in dem sie 1983 als 19-Jährige gleich nach der Meisterprüfung angefangen hat, 1408 gegründet; 1999 hat sie ihn von ihrem Vater übernommen. »Wir haben«, und man hört ihr den Stolz an, als sie das sagt, »schon die Lederhosen für Kaiser Franz Joseph I. gemacht. Nach seinem Wunsch wurde sogar eine eigene Farbe kreiert, das Altschwarz. Das ist noch heute unsere Kaiserfarbe.« Aber auch Herbert von Karajan oder Louis Vuitton gehörten zu den Kunden des Familienbetriebs, Picasso oder – zum Repertoire gehören schließlich auch Dirndl – Marlene Dietrich. Wie Generationen vor ihr gerbt Jenner das Hirschleder für ihre Trachten auf natürliche Weise mit Fischtran und färbt es mit Braun- und Schwarzholzextrakt. Gefertigt wird auf Maß und von Hand, die Vorlagen für die Stickereien haben sich über Generationen angesammelt. Zu ihr kommen die Kunden in der Regel immer wieder – selbst wenn der erste Versuch im See endete. »Der Herr hat sich einfach noch eine Hose machen lassen, wie sie sich im Ausseerland gehört: mit runden Leisten und Knöpfen an der Seite, mit einem Mittelstreifen hinten und mit grüner Stickerei.« Residenzplatz 3, www.jahn-markl.at

Die köstlichste Kugel

... gibt's bei der **Konditorei Fürst** in der Altstadt: Paul Fürst erfand
einst die Mozartkugel, die Ururenkel hüten noch heute das Erfolgsrezept

Paul Fürst gelang 1890 in seiner Konditorei die Erfindung seines Lebens: eine Kugel aus Marzipan und Nougat, umhüllt von Schokolade, benannt nach dem berühmtesten Sohn der Stadt. Zahllose Male wurde sie seitdem kopiert, doch an ihren Geschmack kommt keine andere Kugel heran – das ist zumindest das Fazit von Meisterpatissier Marco D'Andrea, der für MERIAN die beliebtesten und besten Varianten getestet hat (s. S. 49) So stellen Martin Fürst und seine Frau Doris (Foto) ihre Mozartkugeln in der Familien-Konditorei am Alten Markt noch heute nach dem gut gehüteten Originalrezept her – etwa 60 000 in der Woche, fast 3,5 Millionen im Jahr. Diverse Pralinen und Trüffel gehören ebenfalls zum Sortiment, ein Klassiker ist der Bach Würfel, den Fürsts Vater 1985 zum 300. Geburtstag des Komponisten kreierte. Martin Fürst selbst steuerte den Fürst Trüffel bei und sagt: »Unsere Hausspezialitäten funktionieren alle mit Marzipan und Nougat als Grundfläche. Das macht uns aus.« Statt Fremdfett setzt er etwa teure Kakaobutter ein und verzichtet auf Konservierungsstoffe. Lange halten müssen solche Leckereien ja sowieso nicht.

Hauptfiliale: Brodgasse 13
www.original-mozartkugel.com

Viel Farbe bringt der Mode-laden Crai (links) in die Altstadt – für Damen wie Kinder. Bei Damn Plastic (unten) ist der Name Programm: Hier gibt's alles für ein Leben ohne Plastikmüll

Leuchtender Schmuck
Die Ohrringe, Armbänder oder Ketten von Barbara Romankiewicz sind mit ihrer geradlinigen Form und den leuchtenden Farben stilprägende Accessoires. Zu kaufen gibt es sie im »'s Fachl«, bei »Das Memberg« (siehe rechts) oder über die Website der Salzburger Designerin:
www.belleaccessoires.at

Bel-Etagere
Diana Wimmer und Michael Lienbacher sind zwei echte »Hochstapler«: So nennen die beiden Flohmarkt-Fans ihre zwei- bis dreistöckigen Etageren aus Vintage-Porzellan. Zu kaufen etwa bei Schweiger Deli (Itzlinger Hauptstr. 93) oder Bindestelle (Maxglaner Hauptstr. 73) und online:
www.diehochstapler.at

Salzburg kann auch bunt und hip: shoppen mit »Fräulein Flora«

Eva Krallinger-Gruber bloggt als »Fräulein Flora« über Salzburg, hier sind ihre Lieblingsadressen zum Shoppen:

Altstadt
Stephanie Sinko und Victoria Neu-hofer, beide Anfang 30, führen ihren besonderen Laden mit einer nachhaltigen Mission: Bei Damn Plastic (Münzgasse 2) gibt's die Utensilien für ein Leben ohne Plastikmüll – vom Kaugummi aus nachhaltigen und abbaubaren Rohstoffen über essbares Geschirr oder coole Jute-beutel bis zur Zahnbürste. Zum Kla-motten-Shoppen liebe ich, seit ich Teenager bin, den winzigkleinen und umso bunteren Laden Crai (Sigmund-Haffnergasse 7).
Richtig viel tut sich auch im Kaivier-tel: Neu ist da seit Sommer 2020 etwa der Laden Golden Soul (Kaigasse 22), der Mode, Wohnaccessoires und Beauty-Produkte verkauft. Toll ist auch 's Fachl (Kaigasse 13): In die-sem Geschäft können viele lokale De-signer ihre Produkte anbieten.

Andräviertel
Im Herbst 2020 hat der umtriebige Robin Limpek in der Wolf-Dietrich-Straße 2 Das Memberg aufgemacht: eine coole Kombi aus stylishem Café – mit besonders gutem Kaffee von Naturkaffee Eugendorf und sehr leckerem Kuchen – und kleinem La-den für Salzburger Design-Produkte. Gleich nebenan (Nr. 4) hat das Steirer Fair-Fashion-Label Zerum einen ei-genen Laden. Auch andere nachhal-tige Mode, vor allem aus Deutschland und Österreich, wird hier verkauft. Noch etwas weiter die Straße entlang (Nr. 15) röstet Erna Reichinger im Röstzimmer 15 selbst ihren Urkaffee. Er kann hier gekauft oder gleich ge-trunken werden, dazu gibt's eine kleine Feinkost-Auswahl, aber auch Geschirr und spezielle Kaffee- oder Koch-Utensilien.

Elisabeth-Vorstadt
Fein Gewandet (Ernest-Thun-Str. 12) ist ein toller Secondhand-Klamotten-Laden. Das Angebot variiert, zu den Lieblingslabels der Inhaberin Nadine Idinger gehört etwa die österreichi-sche Ausnahme-Designerin Susanne Bisovsky.

Der lange Weg einer

TEXT **TINKA DIPPEL**

Bevor Millionen von Fotos Salzburgs Schönheit bekannt machten, erledigte das ein einziges riesiges Gemälde: Das **Sattler-Panorama** zog vor fast 200 Jahren durch Europa – und ist heute noch zu bewundern

Es ist etwa 16 Uhr, ein Nachmittag im Spätsommer. Der Himmel ist leicht wolkenverhangen, die Felder um die Stadt sind schon abgeerntet und färben sich bräunlich, die Bäume werfen lange Schatten, die Stadt liegt da in ihrer vollkommenen Pracht: das in großen Teilen bereits im Mittelalter angelegte und im Barock aufgehübschte Salzburg, kurz bevor es weit über diese Ansicht hinauswachsen wird.

Was wie eine Momentaufnahme wirkt, ist eine Langzeitstudie – das Ergebnis akribischer, kostspieliger Teamarbeit. Dieses Salzburg-Bild ist vor rund 200 Jahren ein Projekt, das heute vergleichbar mit einem aufwendigen Filmdreh wäre. Nur dass in diesem Fall ein einziger Mann Drehbuchautor, Produzent und Hauptdarsteller ist: Johann Michael Sattler, ausgebildet zum Maler an der Wiener Akademie der bildenden Künste, verdient im frühen 19. Jahrhundert

Salzburg in den 1820er Jahren:
Die Altstadt mit dem Dom im Vorder-
grund sieht noch in weiten Teilen
aus wie damals. Von der Plattform
im Panorama Museum kann man
sich in die vielen kleinen Szenen des
Rundbildes vertiefen

Werbe-Ikone

sein Geld zunächst vor allem mit Porträts. Ein Treffen mit Kaiser Franz I., der ihm im Jahr 1821 Modell sitzt, gibt möglicherweise den Anstoß dafür, dass Sattler sich ein neues, lukratives Feld erschließt, dass er ein Reisender wird und ein Salzburg-Botschafter. Der Bilder-Hunger ist groß zu jener Zeit, Panoramen kommen gerade in Mode, und der Kaiser soll Sattler auf die Idee gebracht haben, eines von Salzburg zu malen.

Die Stadt ist das perfekte Motiv, kompakt und eingebettet in eine abwechslungsreiche Landschaft. Politisch steckt sie aber in einer schwierigen Phase: Seit 1816 gehört Salzburg endgültig zu Österreich, hat Macht und Wirtschaftskraft verloren. Geblieben ist Salzburgs Schönheit. Von Ende 1824 bis Herbst 1825 sitzt Sattler Stunde um Stunde auf der Festung Hohensalzburg und erfasst jedes Detail der Stadt. Er skizziert Ausschnitt für Ausschnitt, setzt Bild für Bild zu einem Ganzen zusammen, das er um das Vier-

einhalbfache vergrößert – auf ein 4,82 mal 25,80 Meter großes Ölgemälde. Er muss davon überzeugt gewesen sein, dass dieses Projekt ein Erfolg werden würde, denn er investiert nicht nur Unmengen an Zeit, sondern auch an Geld.

Die Standseilbahn, mit der man heutzutage schnell oben auf der Festung ist, gibt es 1825 noch nicht, die Festung ist militärisches Sperrgebiet, Sattler darf nur mit einer Sondergenehmigung hinauf. Wer heute dort oben steht, sieht in großen Teilen noch das Gleiche wie er damals: Salzburgs Hausberge, Kirchen und Plätze und die Salzach, inzwischen um einiges schmaler und überspannt von mehr Brücken und Stegen. Man steht über den Dingen, und doch erkennt man viele Szenen, die sich dort unten abspielen, könnte den Menschen auf dem Kapitelplatz etwas zurufen.

Und genauso fühlt es sich an, auf Sattlers Panorama zu gucken. Gut drei weitere Jahre, bis 1829,

Manchen wurde schwindelig, so ungewohnt war es,

arbeitet er an dem Panorama. An einigen Stellen trickst er, passt etwa die Perspektive seinen Bedürfnissen an, klappt sein Motiv mittig leicht nach oben, wie in einem Suppenteller. Die Stadtbefestigung zwischen Schloss Mirabell und dem Kapuzinerkloster dient damals dem Schutz der Stadt und darf nicht abgebildet werden. Sattler zeigt nur ihren oberen begrünten Teil, so wirkt sie wie eine Hügelkette. Als Künstler konzentriert er selbst sich auf die detailgetreue Wiedergabe der Gebäude. Berge, Wälder, Felder und Himmel delegiert er an Friedrich Loos, der auf Landschaften spezialisiert ist. Der Maler und Lithograf Johann Josef Schindler bringt das Leben ins Bild, mit Menschen, Tieren, kleinen Gruppen. Da läuft eine Prozession über den Kapitelplatz, Frauen hängen Wäsche auf, Soldaten exerzieren, es wird ausgeritten, spaziert und Lagerfeuer gemacht. Jedes Detail zu erfassen, ist bei einem einzigen Besuch des Panoramas kaum möglich.

Seine Weltpremiere hat Sattlers Panorama im Frühjahr 1829 auf dem Hannibalplatz, der heute Makartplatz heißt, in einem eigens angefertigten hölzernen Rundbau. Und es wird schon in Salzburg zum Blockbuster, macht auf die Besucher einen ähnlichen Eindruck wie Virtual-Reality-Reisen heute. Zielgruppe sind weniger die Kunstkenner als möglichst alle, Sattler möchte die breite Masse erreichen. Allein die Perspektive, als Betrachter mitten in einem 360-Grad-Panorama zu stehen, ist für damalige Sehgewohnheiten überwältigend. Es soll Besucher

gegeben haben, denen beim Betrachten schwindelig wurde. Und Sattler belässt es nicht dabei, er stellt weitere Bilder aus, die zunächst vor allem solche Plätze und Motive in Salzburg zeigen, die im Panorama nicht zur Geltung kommen, darunter die Festung.

Hatte der Künstler schon Ausdauer bei der Herstellung des Panoramas bewiesen, so ist er in dessen Vermarktung noch weit beharrlicher. Nach einigen Wochen packt er sein Werk, seine Frau und Tochter, den Sohn, die Rotunde und ihren Tischler ein und geht auf Tournee. Zehn Jahre lang sind sie unterwegs, durch halb Europa, wenn möglich immer auf dem Wasserweg.

Viele Jahre bevor im großen Stil gereist und Salzburg zum Touristenziel wird, geht Sattler mit Salzburg im Gepäck auf Reisen. Er trägt das Bild dieser Augenweide von Stadt in die Welt, besucht München, Linz und Wien, Prag und Dresden, Magdeburg und Leipzig, Berlin und Hamburg, Kopenhagen und Oslo. Auf der Nordsee gerät die Gruppe in einen heftigen Sturm, schafft es aber nach Amsterdam, Rotterdam, Brüssel, Paris und London – und schließlich über Köln, Frankfurt und Nürnberg zurück nach Salzburg. Mit Plakaten und Zeitungsinseraten macht Sattler am jeweiligen Ort Werbung, Begeisterung und Besucherströme sind so gut wie immer garantiert. Schon während der Reise müssen die Sattlers – Sohn Hubert ist in das Geschäft mit eingestiegen – das von den Strapazen mitgenommene Bild an manchen Stel-

Detailtreue in Riesenformat: vom Untersberg links über den Mönchsberg in der Mitte bis zu Altstadt, Kapuzinerberg und Salzach rechts

in einem 360-Grad-Bild zu stehen

len ausbessern. Ansonsten haben sie unterwegs Zeit, das Begleitprogramm weiterzuentwickeln. »Kosmoramen« nennen sie die zusätzlichen Bilder, die längst weit über Salzburg hinausgehen und an denen vor allem Hubert Sattler weitermalt.

Schindler und Loos, die beiden Co-Maler, sollen wütend gewesen sein, Sattler hatte sie zwar bezahlt, die Gewinne aber, die das Gemeinschaftswerk nun Jahr um Jahr abwirft, streicht er allein ein. Die Salzburger Oberen aber bereiten ihm und seinem weitgereisten Bild eine triumphale Rückkehr. Fast das gesamte Jahr 1840 wird es mit wechselnden Kosmoramen ausgestellt. Sechs Jahre später stirbt sein Meister.

Hubert Sattler ist zu dieser Zeit dabei, das Repertoire der Kosmoramen zu einer optischen Reise um den Globus zu erweitern, das Publikum ist mit dem Blick in die eigene Stadt und Umgebung nicht mehr zufriedenzustellen. So entstehen Bilder von Eismeeren, Tropenwäldern, der Sahara, von fernen Metropolen wie Moskau, New York und Havanna.

1870, die Sattlers haben längst ausgesorgt, schenkt Hubert Sattler das Erfolgswerk seines Vaters und viele Kosmoramen der Stadt, unter der Auflage, sie dauerhaft auszustellen. So kommt das Panorama zur Ruhe, in einem gemauerten Pavillon im Kurpark. Die Fotografie kommt auf und ändert den Blick auf alles, den Bilderhunger stillen nun andere, das Panorama scheint aus der Zeit gefallen, und das Interesse der Medien ebbt ab.

Der Pavillon wird Ende der 1930er Jahre abgerissen, das Bild übersteht mit viel Glück die Weltkriegsbomben und zieht in den 1970er Jahren in die Vorhalle des »Grand Café Winkler« auf dem Mönchsberg. Salzburg hat sich verändert, das Panorama ist auf einmal eine gern gesehene Erinnerung an eine überschaubarere, grünere Version der Stadt.

Es gibt weltweit nicht mehr viele Panoramen, die das abnehmende Interesse, das viele Ein- und Ausrollen und den Zahn der Zeit überlebt haben. Das Sattler-Panorama ist eine Rarität und unschätzbar wertvoll schon allein, weil es viele Fragen zur Baugeschichte der Stadt beantworten kann.

Ende der 1990er Jahre macht das »Winkler« dem Museum der Moderne Platz, und das rund 125 Quadratmeter große Panorama bekommt erneut ein eigenes Zuhause: das Panorama Museum in der Neuen Residenz. Doch zunächst wird das Bild wieder weitgehend in den Original-Sattler-Zustand versetzt, allein der Himmel war bei Restaurierungen bis zu viermal übermalt worden. Aus einer Gewitterstimmung, die sich eingeschlichen hatte, ist nun wieder ein fast wolkenloser Himmel geworden. ∎

Panorama Museum Residenzplatz 9
www.salzburgmuseum.at

Tinka Dippel erinnerte das Panorama an das Miniatur Wunderland zu Hause in Hamburg: weil man sich an beiden nie sattsieht, immer wieder Neues entdeckt.

» WIR STREITEN UNS NIE «

Die Präsidentin und der Intendant: **Helga Rabl-Stadler** und **Markus Hinterhäuser** sind die beiden wichtigsten Macher der Salzburger Festspiele. Unter ihrer Leitung feiert die Stadt jedes Jahr im Sommer das berühmteste Klassik-Festival der Welt. Ein Gespräch über Provokation, die Kraft der Kunst und einen schwierigen 100. Geburtstag

INTERVIEW **KALLE HARBERG** FOTOS **GULLIVER THEIS**

M

MERIAN: Dr. Rabl-Stadler, Herr Hinterhäuser, die meisten Musikfestivals mussten 2020 ausfallen. Die Salzburger Festspiele fanden statt – wegen der Corona-Pandemie in einer reduzierten Form und mit einem strengen Hygienekonzept. Erst vor Kurzem sind sie erfolgreich und ohne Infektionen zu Ende gegangen. Haben Sie schon richtig durchatmen können?
RABL-STADLER: Natürlich sind wir wahnsinnig glücklich, und die Anspannung ist selbstverständlich geringer geworden. Aber nach den Festspielen ist vor den Festspielen. Und die Tatsache, dass man nicht weiß, unter welchen Vorzeichen die Festspiele 2021 stehen werden, führt dazu, dass die Anspannung eigentlich anhält.
HINTERHÄUSER: Dieser Sommer war sehr besonders, für uns und für unser Publikum. Wir haben mit einem sehr durchdachten Präventionskonzept und einem hohen Maß an Disziplin versucht, jedes Infektionsrisiko auszuschließen. Am Ende waren wir damit auch sehr erfolgreich. Anstrengend sind Festspiele immer, aber diese Art der Anstrengung, die dauernde Anspannung, dass jeden Moment etwas passieren könnte, hat uns schon sehr viel abverlangt. Für mich ist die Regenerierung nach diesem Sommer deutlich schwieriger.

Die Gründerväter stellten sich die Festspiele vor genau 100 Jahren als europäisches Friedensprojekt nach dem Ersten Weltkrieg vor. Theater-Pionier Max Reinhardt sprach von der »furchtbaren Wirklichkeit dieser Tage«, denen Festspiele trotzen könnten. Fühlten Sie sich diesem Auftrag 2020 näher als in anderen Jahren?
RS: Wir haben uns ihm sehr nahe gefühlt, ja. Die ganze Zeit haben wir gedacht: Wie wird man einem hundertjährigen Jubiläum gerecht? Die Gründer bewegte 1920 mehr als bloß der Wunsch, die besten Künstler zusammenzurufen. Salzburg war damals vom Krieg gebeutelt, es gab eine Hungersnot und durchaus Widerstand gegen die Festspiele. Der Salzburger Landeshauptmann hat dem Bundeskanzler geschrieben, er solle von Wien zwei Waggons Mehl schicken, sonst könne er nicht mehr für die öffentliche Ruhe garantieren. Und dann 1945 wieder: Drei Monate nach Kriegsende fanden Festspiele statt. Wir hätten uns einfach ob unseres Kleinmuts geschämt, wenn wir dieses Jahr abgesagt hätten.
Welche Kraft kann die Kunst in einer solchen Zeit entfalten?
H: Wir haben versucht, etwas herzustellen, was die Pandemie uns genommen hat. Eine Verabredung von Men-

AM TAG, AN DEM DIE FESTSPIELE ÄNDERT SICH IN SALZBURG DIE T

... STERNSTUNDEN UND STRAPAZEN ...

1944 »Vielleicht sehen wir uns in einer besseren Welt wieder.« Diesen Satz spricht Richard Strauss bei der Generalprobe zu »Die Liebe der Danae«, der einzigen Aufführung, bevor die Festspiele abgesagt werden. Ein bisschen besser wird die Welt im nächsten Jahr: Drei Monate nach Kriegsende finden wieder rudimentäre Festspiele statt.

1957 Der Salzburger Herbert von Karajan wird zum künstlerischen Leiter berufen, gleich in seinem ersten Jahr dirigiert und inszeniert er einmalige Aufführungen von Verdis »Falstaff« und Beethovens »Fidelio«. Karajan prägt die Festspiele bis zu seinem Rücktritt 1988.

1960 Das Große Festspielhaus ist fertig! Nach drei Jahren Bauzeit am Mönchsberg, wobei mehr als 55 000 Kubikmeter Fels abgetragen werden, eröffnet Karajan es mit Strauss' »Rosenkavalier«. Nach der Vision des Dirigenten hat das Parkett eine starke Neigung bekommen, die Bühne liegt rund sechs Meter unter der Straße.

1967 Die Festspiele bekommen Zuwachs: Zum ersten Mal finden die von Karajan ins Leben gerufenen Osterfestspiele statt, sieben Jahre später gründet er auch noch die Pfingstkonzerte.

1972 »Der Ignorant und der Wahnsinnige« von Thomas Bernhard feiert Weltpremiere. Regie führt Claus Peymann. Anders als von den beiden geplant, wird in der letzten Szene nicht die Notbeleuchtung ausgeschaltet – die Sicherheit des Publikums ist letztlich wichtiger als der dramatische Effekt.

schen möglich zu machen, die an einem bestimmten Tag, an einem bestimmten Ort zusammenkommen, um einer Musik zuzuhören – dieses Wunder wiederherzustellen, das war eine unserer ganz großen Aufgaben. Was die Kunst bewirken kann? Sie lässt uns die Geografie unserer Existenz erkennen: Wer wir sind, warum wir sind, woher wir kommen und wohin wir möglicherweise gehen. Große Kunstwerke geben uns auch die Möglichkeit loszulassen, uns gehen zu lassen, uns treiben zu lassen und wieder zurückzufinden in die Spur. Vielleicht macht die Kunst uns überhaupt erst zu Menschen.

Montreux, Bayreuth, Salzburg – viele der großen Musikfestivals florieren in kleinen Städten. Können Sie sich erklären warum?

H: Im Falle der Salzburger Festspiele ist es natürlich die Schönheit des Ortes, aber auch die Aura der Institution. Der Satz von Walter Benjamin: Aura ist die einmalige Erscheinung einer Ferne, so nah sie sein mag, beschreibt es schon sehr genau, dieses Spiel von Ferne und Nähe, dieses Zueinanderkommen und Sich-wieder-Entfernen, diese zeitlich begrenzte Situation zwischen Intimität und Weltoffenheit. Das ist etwas, was hier sehr viel erfüllter herzustellen ist als in einer Metropole.

RS: Max Reinhardt hat immer gesagt: Nur in kleinen Städten abseits der Zerstreuungen der Großstadt kann man sich konzentrieren. Die Konzerte, die wir haben, die gibt es auch in Paris, Rom oder New York. Aber da ändert sich nichts in der Stadt. Und wie drückt es der Intendant so gut

aus: »Am Tag, an dem die Festspiele anfangen, ändert sich in Salzburg die Temperatur!«

Herr Hinterhäuser, bei Ihrem Antritt als Intendant 2016 verkündeten Sie, Salzburg zu einem »Epizentrum des Besonderen« machen zu wollen. Was genau macht dieses Besondere der Salzburger Festspiele aus?

H: Allein schon das Wort Festspiel. Es ist eines dieser schönen zusammengesetzten deutschen Wörter. Das Fest und das Spiel. Das Fest hat mit Inszenierung, mit Organisation zu tun, folgt also einem Denkmuster, genauso wie das Spiel, ganz gleich, ob es sich hier um ein einfaches oder kompliziertes handelt. Es ist eine Bewegung zwischen Leichtigkeit und Ernsthaftigkeit, zwischen Nachdenken und Loslassen.

RS: Ich glaube, die besondere Anziehungskraft von Salzburg ist auch die Reichhaltigkeit der Erzählung dieser Festspielwochen. Dass man an einem Tag bis zu fünf Veranstaltungen erleben kann, von zeitgenössischer Musik in der Kollegienkirche bis zum traditionellen »Jedermann« auf dem Domplatz.

Dr. Rabl-Stadler, Sie sind in Salzburg geboren und groß geworden. Können Sie sich noch an Ihren ersten Besuch bei den Festspielen erinnern?

RS: Ja, das war am 11. August 1961. Das Schauspiel »Der Bauer als Millionär« in der Felsenreitschule. In meinem Tagebuch steht: »Es hat den ganzen Tag geschneit.«

H: Geschneit?

RS: Geschneit! Und am Abend hat es dann so geregnet, dass man nichts

mehr gehört hat. Damals hatte die Felsenreitschule ein Zeltdach. Mit sehr ungelenken Schriftzügen habe ich in mein Tagebuch geschrieben: »Ich habe mich so gefreut, aber am Anfang sah es so aus, als würde es nichts werden, weil man nichts verstanden hat. Aber dann war es so großartig, dass mir die Worte fehlen.« Ansonsten war ich viel in Klavierabenden oder in Serenaden – nie in Opern, weil für Opern gab es zu der Zeit, als Herbert von Karajan künstlerischer Leiter und Dirigent bei den Festspielen war, praktisch nie Karten. Die waren ausverkauft.

H: Als ich jung war, bin ich mit Freunden, mit denen ich hier an der Universität Mozarteum Klavier studiert habe, um das Festspielhaus herumgeschlichen, immer auf der Suche nach Karten. Es war vollkommen unmöglich hineinzukommen. Einmal allerdings haben wir es geschafft: eine Generalprobe mit Herbert von Karajan. Das war ein unglaubliches Erlebnis.

Wie haben sich die Festspiele seitdem verändert?

RS: Da sage ich schon ganz selbstbewusst, uns ist einiges gelungen! Ein internationales Festspiel ist in einer Kleinstadt wie Salzburg in einem gewissen Sinne immer ein Fremdkörper. Gerade in der Zeit von Karajan, den ich sehr verehrt habe und den ich dadurch nicht herabsetzen möchte, wurde meines Erachtens zu wenig Wert darauf gelegt, die Verwurzelung in dieser Region zu betonen. Die Menschen hatten den Eindruck, diese Festspiele schweben wie eine Wolke der Reichen und Schönen sechs

Dr. Helga Rabl-Stadler, geboren 1948 in Salzburg, arbeitete unter anderem als Journalistin, war Mitbesitzerin eines Modehauses und saß für die ÖVP sieben Jahre im Nationalrat, bevor sie 1995 zur Präsidentin der Salzburger Festspiele ernannt wurde. Seit einem Vierteljahrhundert prägt sie diese – etwa durch die Akquise großer Sponsoren wie Audi, Siemens und Rolex.

WENN AUFRICHTIG
WIRD, BIN ICH FÜ

Markus Hinterhäuser, 1958 geboren im italienischen La Spezia, kam zum Klavierstudium an der Universität Mozarteum nach Salzburg. Als profilierter Pianist trat er später etwa in der Carnegie Hall und der Mailänder Scala auf. Von 2014 bis 2016 war er Intendant der Wiener Festwochen, seitdem ist er Intendant der Salzburger Festspiele, für die er schon 1993 erste Konzerte konzipierte.

Wochen über der Stadt. Dann kam eine neue Führung und hat in Salzburg stark für die Festspiele geworben. Und wir haben das sehr gut entwickelt. Wir sind die Salzburger Festspiele – Festspiele für die Salzburger. Aber wir machen vorher eben auch eine Reise über drei Kontinente, bei der wir das Festspielprogramm dem internationalen Publikum vorstellen. Wir wollen den Spagat schaffen zwischen Regionalität und Internationalität.

Der internationale Jetset fiel schon immer gern für die Festspiele in Salzburg ein. Sind die Festspiele elitär?

H: Befreien wir uns doch endlich einmal von diesen ermüdenden Klischees. Im Normalfall bieten die Festspiele 225 000 Karten an. Rund 50 Prozent unserer Karten kosten 100 Euro oder weniger, viele sogar deutlich weniger. Die Salzburger Festspiele sind als Unternehmung in ihrer Ausrichtung und Dimension weltweit einzigartig. Und sie sind ein zeitgenössisches Festival, ein Festival unserer Zeit und für unsere Zeit. Es gibt von Ingeborg Bachmann diesen schönen Satz, den sie über Maria Callas gesagt hat: Maria Callas hat die Jahrhunderte hörbar gemacht. Wir machen die Jahrhunderte auch hörbar.

Ihre Vorgänger als Intendanten und künstlerische Leiter waren bisweilen exzentrisch und wurden doch verehrt. Wenn Sie durch Salzburg laufen, kommt es dann vor, dass Sie auch mal Autogramme schreiben müssen?

H: Ja, schon, aber das klingt jetzt so kokett. Zuneigung habe ich gern, Verehrung empfinde ich als ein bisschen befremdlich.

MIT EINEM WERK UMGEGANGEN
JEDES RISIKO ZU HABEN«

…BIS ZUM
100. GEBURTSTAG

1975 Die besten Musiker der Welt sind immer wieder bei den Festspielen zu Gast. Dieses Jahr: Leonard Bernstein, der US-amerikanische Ausnahmekomponist, dirigiert zwei Konzerte, von denen vor allem Mahlers Achte Symphonie mit den Wiener Philharmonikern in Erinnerung bleibt.

1987 Großes Drama: Schon nach der Premiere in der Kollegienkirche wird das Oratorium »Buch mit sieben Siegeln« von Franz Schmidt mit einem Aufführungsverbot belegt. Die von George Tabori inszenierten Bildwelten schienen den Geistlichen nicht angemessen für die Heiligkeit des Aufführungsortes.

2002 Bei den Festspielen werden Stars geboren: 2002 feiert die russisch-österreichische Sopranistin Anna Netrebko als Donna Anna in Mozarts »Don Giovanni« ihren großen internationalen Durchbruch. Seitdem kehrte sie immer wieder für Aufführungen nach Salzburg zurück.

2011 Nach dem Rücktritt des Intendanten Jürgen Flimm, der an die Berliner Staatsoper wechselt, springt Markus Hinterhäuser für ein Jahr ein. Dessen Highlight: Leoš Janáčeks Oper »Die Sache Makropulos«. Fünf Jahre später wird Hinterhäuser erneut zum Intendanten ernannt.

2020 Während coronabedingt viele Festivals im Sommer ausfallen, finden die Festspiele letztlich mit einem strengen Hygienekonzept statt – und werden ein Erfolg. Die Feierlichkeiten zum hundertjährigen Jubiläum werden dennoch auf das Jahr 2021 ausgedehnt.

RS: Aber das war schon sehr schön für uns beide, zu sehen, wie sich die Menschen dieses Jahr über die Festspiele gefreut haben. Als der Intendant das Restaurant »Triangel« gegenüber vom Festspielhaus betrat, sind die Menschen aufgestanden und haben geklatscht.

H: Nach der Premiere von »Elektra«. Das war so etwas wie Zuneigung und, ja, auch die Freude, dass wir in diesem so ganz anderen Sommer ein solches Erlebnis überhaupt möglich gemacht haben.

RS: Die braucht man auch. Es ist wahnsinnig toll, wenn man merkt, dass das Publikum darauf anspringt und im Restaurant weiterdiskutiert, zum Beispiel nach den Inszenierungen des Regisseurs Peter Sellars, ob »La Clemenza di Tito« oder »Idomeneo«. Das war einfach fantastisch! Die Leute haben sich gestritten, ob Vergebung eine Tugend oder eine Schwäche ist – genau das, was wir erreichen wollen. Oper nicht als Museum, sondern als Möglichkeit, die Probleme der Jetztzeit darzustellen.

Müssen gelungene Festspiele provokant sein?

H: Provokation als Strategie ist überhaupt nicht interessant. Provokation im etymologischen Sinne, also etwas im Zuschauer hervorzurufen, ist deutlich ergiebiger. Wenn ich das Gefühl habe, dass aufrichtig mit einem Werk umgegangen wird, bin ich für jedes Risiko zu haben, wirklich für jedes. Die Partituren eines Mozart, eines Beethoven, eines Schubert oder Mahler scheinen in Stein gemeißelt, sind sie aber nicht. Ihre Vitalität über Jahrhunderte erhalten sie nur durch eine kluge, manchmal auch provozierende ständige Neubefragung und Untersuchung auf das, was sie uns im Hier und Jetzt zu sagen haben.

Streiten Sie beide sich eigentlich auch mal über das Programm?

RS: Streiten tun wir uns nie darüber.

H: Nein.

RS: Die Vorschläge kommen vom Intendanten, und er erzählt dem kaufmännischen Direktor und mir, wovon er träumt – und ich bin meistens so inflammiert von seinen Ideen, dass ich nur sofort rattere, wo ich einen Sponsor finden könnte, der das finanziert.

Dr. Rabl-Stadler, Sie sind seit mehr als einem Vierteljahrhundert Präsidentin, eigentlich sollten die Festspiele 2020 Ihre letzten sein. Wird es Ihnen schwer fallen, eines Tages als einfache Zuschauerin im Publikum zu sitzen?

RS: Ich kann und will es mir gar nicht vorstellen. Aber ich gehe sicher weiter in die Festspiele. Der Intendant und ich möchten vorher einfach unbedingt noch das hundertjährige Jubiläum, das wir ja wegen Corona auf 2021 ausgeweitet haben, beenden. Wir haben gesagt: Das machen wir gemeinsam.

Herr Hinterhäuser, Sie haben Ihren Vertrag als Intendant kürzlich bis 2026 verlängert. Welche Pläne haben Sie für die Zukunft der Festspiele?

H: Dass die Salzburger Festspiele ein Festspiel der Künste bleiben. Festspiele werden in Zukunft noch mehr als Wissensvermittler und Weltgedächtnis, als Archiv unserer Welterkenntnis fungieren müssen. Dazu braucht es Freiheit, Energie, Mut, Zuneigung und Inspiration.

RS: Dass dir die Fantasie ausgeht, diese Furcht beseelt mich nicht. ■

Konzerte das ganze Jahr!

Die Sommerfestspiele sind Salzburgs musikalischer Höhepunkt, aber längst nicht das einzige Festival der Stadt

Drei Jahreszeiten

Nach der Mozartwoche im Januar folgen im Frühling die Osterfestspiele, die immer am Samstag vor Palmsonntag beginnen und zehn Tage dauern. Gegründet wurden sie 1967 von Herbert von Karajan, ein Highlight wird 2021 Anna Netrebkos Auftritt in der Titelrolle von Puccinis »Turandot«. Offiziell unter der Schirmherrschaft der Festspiele stehen die seit 1973 stattfindenden Pfingstfestspiele, künst-lerische Leiterin ist die Opernsängerin Cecilia Bartoli, die 2021 ein Schlaglicht auf ihre Heimatstadt Rom wirft. Zum großen Finale kommen dann die Sommerfestspiele, die in der Regel im August anfangen und sechs Wochen dauern. Sie bieten Aufführungen aus drei Sparten: Schauspiel, Musik und Oper. Am glamourösesten sind die großen Opernpremieren, aber die Sommerfestspiele haben auch feine, kleinere Veranstaltungen wie Liederabende und Kammerkonzerte im Programm. Die Feierlichkeiten zum hundertjährigen Jubiläum wurden wegen der Corona-Pandemie auf 2021 erweitert – es sollten also einmalige Festspiele werden.

Eintrittskarten

Die Karten für die Sommerfestspiele gehen ab Anfang Mai in den freien Verkauf, rund die Hälfte der Tickets kostet zwischen 5 und 100 Euro. Zu kaufen gibt es sie natürlich online oder etwa im Kartenbüro am Herbert-von-Karajan-Platz. Während der Festspiele selbst hat man über die offizielle Website die besten Chancen, noch Tickets zu ergattern.

www.salzburgerfestspiele.at
www.osterfestspiele-salzburg.at

PARKEN SIE IM HERZEN DER SALZBURGER ALTSTADT

Salzburger Parkgaragen Gesellschaft m.b.H

Angebot: Parkticket in den dafür gekennzeichneten Altstadt-Geschäften lochen lassen und für nur **€ 4,00 bis zu 4 Stunden** bzw. **€ 6,00 bis zu 8 Stunden** parken.

Es geht aufwärts: erst mit dem
Aufzug durch den Mönchsberg, dann
zu Fuß durch das Treppenhaus
aus Sichtbeton, das die vier Ebenen
des Museums dort oben verbindet

TEXT **TINKA DIPPEL** FOTOS **GULLIVER THEIS**

Das Museum der Moderne liegt sowohl auf dem Mönchsberg als auch mitten in der Altstadt. Und nicht nur diesen Spagat bekommt Salzburgs Institution für zeitgenössische Kunst gut hin

DOPPELTES
KUNSTSTÜCK

Legt sich langsam hin, wenn das
Museum schließt und richtet sich auf, wenn
es am nächsten Morgen wieder öffnet:
das »Schlafende Haus«, eine Stahlskulptur
des Schweizer Künstlers Not Vital

Innen bietet das Haus viel Platz, der mit Raumtrennern immer wieder anders genutzt wird. Von außen ist sein Ensemble eine wunderliche Kombination

Hoch

auf einem Felsen über der Altstadt, entrückt von ihr und doch ein Teil nahezu jeder ihrer millionenfach fotografierten Sichtachsen, hat die zeitgenössische Kunst in Salzburg ihren prominentesten Platz. Schön hat sie es dort, aber leicht hat sie es nicht.

Das Museum der Moderne auf dem Mönchsberg ist ein heller Riegel mit opulenter Fensterfront, über der auch von weit weg gut lesbar in großen, schräg angebrachten Worten »Inside of & outside of itself« geschrieben steht – ein Fassaden-Werk des Künstlers Lawrence Weiner. Daneben ragt ein Turm mit Zinnen auf, der wirkt wie der Überrest einer Burg. Es ist ein wunderliches Ensemble. Und passend dazu der Weg dorthin: Aus der Altstadt zoomt man sich quasi hinauf, per Aufzug, der durch den Mönchsberg fährt. Dann steigt man aus und steht schon im Museum, vor einer breiten Treppe aus Sichtbeton, die von der Eingangs- zu den drei Ausstellungsebenen führt.

Thorsten Sadowsky, seit 2018 Direktor des Museums, lässt diesen imposantesten Teil des Gebäudes erst einmal wirken und erklärt dann: »Der Sichtbeton, das Moderne, ist innen. Die Fassade außen ist mit Untersberger Marmor verkleidet.« Was sich Marmor nennt, ist ein Kalkstein, aus dem auch etwa die Fassade des Doms gefertigt ist. Wenn man nah rangeht an die Fassade, sieht man, dass die vertikalen Fugen zwischen den Steinplatten unterschiedlich breit sind. Die Rhythmik dieser Spalten orientiere sich an den Arien aus Mozarts Oper »Don Giovanni«, erklärt Thorsten Sadowsky. Der Salzburger Mythos sei nun einmal stark von der Mozart-Zeit geprägt, und die Fassadengestaltung könne als Versuch angesehen werden, die Moderne mit der barocken Altstadt zu versöhnen.

Damit ist das Dilemma des Hauses ganz gut umrissen: Es muss mit dem geballten Welterbe da unten kompatibel sein – und doch ein zeitgenössisches Kunsthaus. Es geht den einen zu weit und den anderen nicht weit genug. Das Museum der Moderne ist quasi die Angela Merkel unter den Museen: Es wurde 2004 eröffnet, ein Jahr, bevor Merkel Kanzlerin wurde. Beide sind geachtet, haben aber nie große Euphorie ausgelöst, sie erfüllen ihre Aufgaben ohne großes Tamtam. Das Museum dient der Kunst, es bietet ihr viele Möglichkeiten, Tageslicht und jede Menge Platz – hier auf dem Mönchsberg allein 2300 Quadratmeter.

An diesem Herbsttag sind auf dem Mönchsberg in der ersten Etage Porträtfotografien und Filme der Österreicherin Friedl Kubelka vom Gröller zu sehen. Es sind kleine Formate auf großen Tableaus, man muss nah hingehen, richtig eintauchen, diese Kunst ist nicht schnell zu erfassen. Ähnlich ist es mit der Ausstellung auf der Ebene darüber, dem dritten Teil einer Reihe zum Thema Exil, der Lebenswege und Schicksale wie das der Dichterin und

Zeichnerin Else Lasker-Schüler thematisiert. Das Tageslicht kommt auf dieser Etage durch ein großes Fenster von der Seite, vor dem unmittelbar der ritterburgartige Turm steht. »Die Räume bieten eine tolle Großzügigkeit«, sagt Sadowsky. »Für den Zweck, moderne und zeitgenössische Kunst zu zeigen, funktioniert dieses Haus sehr gut.« Die Ausstellungsarchitektur und Raumaufteilung könne sich hier für fast jede Schau ändern. Von ganz oben im Museum, von der geräumigsten Etage, kommen Hämmer- und Bohrgeräusche, dort werden gerade Arbeiten der Videokünstlerin Fiona Tan aufgebaut.

Gewachsen ist das Museum aus seinem Vorgänger, der Modernen Galerie und Graphischen Sammlung – Rupertinum, und aus einer Sammlung, die hier in Salzburg entstanden ist. Der Kunsthändler Friedrich Welz (1903 bis 1980), ein Lebensfreund des Künstlers Oskar Kokoschka, hat sie über viele Jahrzehnte aufgebaut. Welz war ein umtriebiger und gut vernetzter Autodidakt, der seine Kontakte auch in der Zeit des Nationalsozialismus bestens nutzte und von Enteignungen profitierte. Umso erstaunlicher, wie schnell er nach dem Krieg seine Arbeit wieder aufnehmen konnte – und dass die Freundschaft mit Kokoschka hielt, der unter den Nationalsozialisten als »Entartetster unter den Entarteten« angeprangert und ins Exil getrieben worden war.

1953

gründete Kokoschka mit Welz die bis heute bestehende Internationale Sommerakademie für Bildende Kunst auf der Festung Hohensalzburg. »Damit hielt alljährlich das internationale zeitgenössische Kunstgeschehen auch in Salzburg Einzug«, meint Thorsten Sadowsky. 1976 vermachte Welz seine Sammlung dem Land Salzburg. Erster Direktor der Modernen Galerie und Graphischen Sammlung – Rupertinum, des Vorgängers des heutigen Museums, wurde Otto Breicha. Nach ihm ist ein Preis für Fotokunst benannt, den das Haus vergibt.

»Der Kern der Sammlung ist stark orientiert am expressionistischen Menschenbild und an der figurativen Kunst seit 1900«, erklärt der heutige Direktor. »Sie umfasst beispielsweise fast den gesamten druckgrafischen Bestand von Kokoschka.« Anfangs sei die damalige Moderne Galerie und Graphische Sammlung – Rupertinum auf Österreich fokussiert gewesen, in den letzten 30 Jahren seien Sammlung und Ausstellungen aber immer internationaler geworden. Inzwischen gehören auch Dauerleihgaben dazu, etwa die Fotosammlung des Bundes und die Sammlung der Generali Foundation. Aus rund 55 000 Werken schöpft das Museum insgesamt. Ein klimatisiertes Depot liegt hinter dem Kapuzinerberg, im Guggenthal.

Die Sammlung sei der große Fundus und Ideengeber für das Programm, sagt der Direktor. Und manchmal

»DIE RÄUME BIETEN
EINE TOLLE GROSSZÜGIGKEIT.
FÜR ZEITGENÖSSISCHE
KUNST FUNKTIONIERT DAS
HAUS SEHR GUT«

kommt aus ihren Tiefen etwas hoch, das etwas ganz anderes als eine Ausstellung anstößt. So geschehen, als die Provenienzforschung ans Tageslicht brachte, dass die Nationalsozialisten das Gemälde »Litzlberg am Attersee« von Gustav Klimt, eines der Schmuckstücke der Sammlung, 1941 der von ihnen ermordeten Jüdin Amalie Redlich geraubt hatten. Es wurde an ihren Enkel Georges Jorisch restituiert, der zum Dank dafür den Umbau des Turms mit den Zinnen unterstützte. Er heißt seit 2014 Amalie-Redlich-Turm, beherbergt eine Künstlerwohnung, Kunstvermittlungsräume und Büros.

Ende des 19. Jahrhunderts wurde er als Wasser- und Aussichtsturm gebaut, neben die gerade fertiggestellte »Restauration Elektrischer Aufzug«. Das Ausflugslokal stand an der Stelle des heutigen Museums, der Aufzug auf den Mönchsberg war gerade in Betrieb genommen, er fuhr damals noch außen am Fels entlang. 1947 wurde aus dem Lokal das »Grand Café Winkler«, 1977 zog es in einen Neubau, der auch das Casino beherbergte. Viele Erinnerungen von Salzburgern, die sich dort einst zum Essen und Tanzen trafen, hängen am »Winkler«. Es mag ein Tribut an diese Erinnerungen sein, es ist aber auch naheliegend: Die Fensterfront, die man von der Stadt sieht, gehört nicht dem Museum, sondern auch heute einem Restaurant, dem »M32«. Und das »Winkler« hat sich noch auf andere Art ins Gebäude eingeschrieben: Eine der vielen Vorgaben für die Architekten war die Kubatur des einstigen Cafés.

Es war ein großer Wettbewerb der Ideen, der jahrelang um den Mönchsberg ausgetragen wurde. Ende der 1980er Jahre hatte der Wiener Architekt Hans Hollein die Idee, ein Museum in den Berg hineinzubauen, und die Soloman R. Guggenheim Foundation war interessiert, sie umzusetzen. Man wäre am Ende der Getreidegasse hineingegangen und in einer natürlichen Senke, die hinter dem heutigen Museum im Wald liegt, wieder herausgekommen. Das »Salzburg Guggenheim« war eine lange Geschichte, kurz erzählt scheiterte es an Geldmangel und der Politik. Diese nie verwirklichte Idee zu kennen, hilft dabei, das heutige Haus auf dem Mönchsberg zu verstehen. Nachdem die Vorstellung eines einzigartigen Im-Berg-Museums jahrelang durch die Stadt geisterte und dann begraben werden musste, war es kein Wunder, dass der Entwurf der Münchner Klaus Friedrich, Stefan Hoff und Stefan Zwink, der schließlich verwirklicht wurde, keines der ganz großen architektonischen Ausrufezeichen setzt.

Sonst hätte das Museum der Moderne sich selbst auch noch mehr Konkurrenz gemacht. Es hat nämlich zwei Standorte, und der fast vier Jahrhunderte ältere steht ohnehin im Schatten des Mönchsbergs: das Rupertinum, erbaut 1633, in dem jahrhundertelang Priesterzöglinge ausgebildet wurden – ein frühbarocker Bau in der Altstadt. Anfang der 1980er Jahre wurde es zum Museum umgebaut. Vom Mönchsberg ist man in 15 Minuten dort.

Zentraler Raum ist ein Atrium. »Oben am Berg ist das Treppenhaus das spektakuläre Zentrum der Tageslicht-architektur, hier ist es das Atrium«, sagt der Direktor. Da sieht er eine Parallele, ansonsten ist hier alles intimer. »Die Räume sind anders, mehr kabinettartig und für kleinere Formate geeignet.« Es läuft eine Ausstellung der Foto-, Video- und Performance-Künstlerin Marina Faust. In beiden Häusern zusammen sind bis zu 15 Schauen pro Jahr zu sehen, wobei das Team oft auch versucht, die beiden Standorte zu verbinden. Gerade steht im Rupertinum etwa die Installation »Talk without Words (Christopher Wool)« von Marina Faust und Franz West: ein weißer Tisch mit vier weißen Stühlen, über dem von der Decke ein grüner Ball aus Mohair hängt. Wer Platz nimmt, kann sein Gegenüber hinter dem Ball nicht sehen, kommuniziert wird, indem man ihn mit dem Kopf anschubst. Ein Video einer solchen Unterhaltung läuft im Treppenhaus auf dem Mönchsberg.

80000 bis 90000 Menschen sehen in Jahren ohne Pandemie die Ausstellungen oben, 15000 bis 20000 die im Rupertinum. »Ins Stammhaus des Museums kommen mehr Salzburger«, sagt Sadowsky. Nicht, dass die nicht auch auf den Mönchsberg gingen. Jetzt, am späten Nachmittag trifft man auf dem Fußweg hinauf, der Alternative zum Aufzug, jede Menge Jogger und Spaziergänger.

Sie genießen im goldenen Licht das Panorama der Stadt zur einen oder der Berge zur anderen Seite, sie genießen den Wald, in den das Museum dort oben eingebettet ist. Sie stehen auf der Terrasse des Museums und blicken auf ihr Salzburg. Allein schon dieser Blick ist eine starke Konkurrenz für das Museum. Das Haus drängt sich den Menschen hier oben nicht auf. Und hat es dennoch geschafft, über sich und seine arg strengen Vorgaben hinauszuwachsen.

Neben dem Museum stehen ein kleiner fensterloser Bau in Form eines elliptischen Zylinders und ein zehn Meter hoher Kegel mit einer netzartigen Haut aus Stahl. Der Rundbau heißt »Skyspace«, ist Teil des »Walk of Modern Art« durch die Stadt und ein Werk des amerikanischen Lichtkünstlers James Turrell. Innen ist der kleine Bau weiß und entlang der Wand mit einer eingemauerten Sitzbank versehen, Zentrum der Aufmerksamkeit ist eine Öffnung in der Decke, ein Himmelsausschnitt. Thorsten Sadowsky setzt sich, blickt in einen leichten Wolkenschleier, schnippt mit den Fingern, um auf die Akustik des Raumes aufmerksam zu machen. Rotbraune Herbstblätter rascheln über den Boden.

Gleich nebenan ragt der Stahlkegel auf, Not Vitals »Schlafendes Haus«. Die Skulptur ist beweglich, abends legt sie sich langsam in die Horizontale – und erwacht wieder, wenn das Museum öffnet. Dann richtet sie sich auf und ist während des Tages durch einen Schlitz in der Hülle begehbar. Thorsten Sadowsky erzählt von einem Erlebnis, das ihm besonders gefallen hat: »Kürzlich sah ich zwei Paare, die hatten sich Musik mitgebracht und tanzten dann zu viert im ›Schlafenden Haus‹ Tango.«

Das wertzuschätzen, wenn die Menschen sich ganz unbefangen darauf einlassen, das ist für ein Museum eine besondere Kunst. Dieses lebt damit, Teil eines Gesamterlebnisses zu sein. Und das sehr gut. ■

Das Ur-Museum in der Altstadt:
Hundertwassers »Zungenbärte« schmücken
seit den 1980er Jahren die Fassade des
Rupertinums. Das Atrium ist seit eh und je
Zentrum des Hauses aus dem Jahr 1633

DAS GESAMTERLEBNIS MUSEUM DER MODERNE

Rupertinum

Das frühbarocke, 1983 als Museum eröffnete Haus ist ein direkter Nachbar der Universität, der Kollegienkirche und des Festspielhau-
ses. Schon seine Fassade ist ein Kunstwerk:
Friedensreich Hundertwasser hat sie mit soge-
nannten »Zungenbärten« aus Keramik ge-
schmückt, die unter einigen Fenstern hängen.
In den Räumen, die sich auf drei Etagen um
das zentrale Atrium gruppieren, sind meist
Grafiken oder Fotografien zu sehen. Unter dem
Dach: das Studienzentrum der Generali Foundation. Im Erdgeschoss: das Bistro »Sarastro«.
Wiener-Philharmoniker-Gasse 9
www.museumdermoderne.at

Mönchsberg und Amalie-Redlich-Turm

Der Mönchsbergaufzug fährt täglich ab acht
Uhr morgens und im Sommer bis spätabends.
Man kann sich also am Blick auf die Stadt
sattsehen und dann ganz in Ruhe die drei Ausstellungsebenen des Museums abspazieren.
Da die Schauen – die aus der Sammlung, Leihgaben und eigens geschaffenen Werken
bestückt werden – oft vielschichtig sind, lohnt
es sich, eine Führung mitzumachen, regelmäßig geht auch Direktor Thorsten Sadowsky
mit Gruppen durch die Häuser. Gelegentlich
ist die Aussichtsplattform auf dem Amalie-
Redlich-Turm geöffnet. Vorbeischauen sollten
Sie auch im schönen Museumsladen. Und
im Restaurant »M32« (siehe S. 34).

Zu Fuß auf den Mönchsberg

Gehen Sie auch einen Weg zwischen den
beiden Museen zu Fuß! Schnellste Verbindung:
über den Toscaninihof, dort führt eine Treppe
hinauf, und Sie sind in 20 Minuten vom
Rupertinum am Museum auf dem Mönchsberg.
Schön ist auch der Weg hinunter im Sonnenuntergang, vorbei an der Hütte »Buffet zur
Richterhöhe«, wo Sie eine kleine Snackpause
einlegen können. Die Ausblicke auf die Stadt
zur einen und die Berge zur anderen Seite
wechseln sich ab. Kurz vor der Festung Hohensalzburg biegen Sie dann ab in die Altstadt.

BAROCK AND ROLL

Die jahrhundertealte Pracht bestimmt das Bild in Salzburg, lässt aber auch Zeitgenossen Platz, sich kreativ auszutoben – etwa mit mannshohem Fruchtgemüse

Am Furtwänglerpark vor dem Großen Festspielhaus stehen in einer Reihe fünf etwa zwei Meter hohe »Gurken«. Diesen schlichten Namen gab der österreichische Künstler Erwin Wurm den Bronze-Skulpturen, die Teil des Walk of Modern Art sind. Insgesamt umfasst der Kunstrundgang 12 Werke, zwischen 2002 und 2011 wurden sie über Salzburg verteilt im öffentlichen Raum installiert. Er ist ein zeitgenössischer roter Faden durch die Stadt und ein wohltuender Bruch mit der Mozart-Romantik – teils ganz explizit, etwa mit der in ihrer Zerrissenheit umstrittenen Mozart-Statue von Markus Lüpertz auf dem Ursulinenplatz oder mit Marina Abramovićs »Spirit of Mozart« an der Salzach. Alle Werke sind Leihgaben der Sammlung Würth. Bei ihr muss sich anmelden, wer an einer der kostenlosen Führungen teilnehmen möchte, die von April bis Oktober angeboten werden. Anmeldung per E-Mail an artroom@wuerth.at, www.salzburgfoundation.at

Ein Rundgang, 1300 Jahre Geschichte, unzählige Schätze

Vier Museen, ein gewaltiger kunsthistorischer Komplex: Seit 2014 bietet das DomQuartier eine Entdeckungstour zu den Schätzen aus 1300 Jahren Salzburger Herrschaftsgeschichte an. Mehr als 200 Jahre blieben nach der Auflösung des Fürsterzbistums die trennenden Mauern zwischen der Residenz und dem Dom, den Schaltzentralen des einstigen Machtzentrums, unangetastet. Für das neue Quartier wurden die alten Verbindungsgänge nun wieder geöffnet, entstanden ist dadurch ein beeindruckender Rundgang.

Der folgt den Spuren der Fürsterzbischöfe, die neben geistlichen Oberhäuptern zugleich Fürsten für weltliche Belange waren. Im zweiten Stock geht es einmal rund um den Domplatz. Beginn des Rundgangs ist in der Residenz, einst Amts- und Wohnsitz sowie glanzvoller Repräsentationsraum der Fürsterzbischöfe. In den original erhaltenen Räumen wurde Politik gemacht, gefeiert und musiziert, auch der junge Mozart spielte dort. Meisterwerke der europäischen Malerei vom 16. bis zum 19. Jahrhundert sind in der Residenzgalerie ausgestellt. Einer der Schwerpunkte in ihren elf Sälen ist die niederländische Malerei des 17. Jahrhunderts, zu sehen sind etwa Werke von Rembrandt, Brueghel und Rubens.

Über die Dombogenterrasse, von der man auf den Dom- und den Residenzplatz guckt, geht es weiter zum Komplex des Doms. Besonders sehenswert dort: die Orgelempore, von der man das frühbarocke Kirchenschiff sehr gut überblicken kann, der Domschatz im Museum im Südoratorium und die Kunst- und Wunderkammer mit originalen Schaukästen aus dem 17. Jahrhundert. Höhepunkte sind außerdem ein Besuch der restaurierten Privatkapelle des Fürsterzbischofs Schwarzenberg – und der Blick in den gotischen Chor der Franziskanerkirche. Komplettiert wird der Rundweg durch die Integration des Wallistraktes und der Erzabtei St. Peter, dem ältesten Kloster im deutschen Sprachraum. Im Wallistrakt selbst zeigt das Museum St. Peter seine Schätze. Einer der größten: die prunkvoll verzierte Rupertuspastorale, der einstige Stab des Abts. www.domquartier.at

Der Blockbuster

Wie gut ein Museum immer wieder Themen setzen kann, beweist das Salzburg Museum in der Neuen Residenz mit seinen wechselnden Schauen. Bis Herbst 2021 dreht sich dort alles um 100 Jahre Salzburger Festspiele.

Mozartplatz 1
www.salzburgmuseum.at

Die Kunstvilla

Der Österreicher Thaddaeus Ropac ist einer der international erfolgreichsten Galeristen. In seiner Villa Kast am Mirabellgarten zeigt er Ausstellungen zeitgenössischer Künstler.

Mirabellplatz 2
www.ropac.net

Gott oder Liebe?

RELIGION Mehr als tausend Jahre bestimmen die Bischöfe Salzburgs Schicksal. Der schillerndste unter ihnen: Wolf Dietrich von Raitenau, strenger Autokrat, visionärer Bauherr – und Vater von 15 Kindern

Sein größtes Vorhaben: Raitenau legte 1611 den Grundstein des Doms, den aber erst der Nachfolger seines Nachfolgers 17 Jahre später einweihte

TEXT **FRANZ LENZE** FOTOS **GULLIVER THEIS**

Salzburg, 2. März 1587. Die Wahl ist kurz und knapp. Mit sieben von dreizehn Stimmen wird Wolf Dietrich von Raitenau zum neuen Fürsterzbischof von Salzburg bestimmt. Wenig später schreitet er feierlich in die Domkirche, »weinend«, wie ein Chronist bemerkt, »über so unerhofftes Glück aus Freud oder Leid«. Freude über den Sieg, Leid, weil viele »der Meinung gewest, er habe mehr zu der Ehe als zum geistlichen Stand Lust gehabt«.

Wolf Dietrich, fast 28 Jahre alt, schmales Gesicht, blaue, wache Augen. Ein Spross alter Adelsgeschlechter, die seit Jahrhunderten zwischen Bodensee und Vorarlberg leben. Die Familie ist weitverzweigt: Der heilige Borromäus, den die katholische Kirche so verehrt, ist sein Onkel, Papst Pius IV. sein Großonkel. So wird Wolf Dietrich, der lieber Soldat geworden wäre, früh auf eine Kirchenkarriere vorbereitet: Schuljahre in Günzburg, Pfründe in Konstanz, Basel und Salzburg, Studium der Rechte in Pavia. Er ist 17 Jahre alt, als er das Collegium Germanicum in Rom besucht. Denkbar, dass sich hier am berühmten Priesterkolleg sein Sinn für Macht entfaltet.

Wolf Dietrich gilt als Bewunderer von Machiavellis »Il Principe«, diesem Lehrbuch rücksichtsloser Machtpolitik. Er ist ein guter Schüler. Das Domkapitel will mitregieren? Ohne ihn. Stück für Stück beschneidet er als Fürsterzbischof das Mitspracherecht der hohen Geistlichen, legt fest, dass er alleiniger Nutznießer aller Landeseinkünfte ist und sämtliche Bewohner seines Reichs, ob weltlich oder geistlich, ihm untertan sind. Das ist die eine Seite. Die andere: Wolf Dietrich ist ein Lebemann. Fröhlich beim Fasching, ein Freund der Kunst, der Tapisserien und Grafiken sammelt, Goldschmuck und Bücher. Ein Liebhaber weltlicher Freuden.

Wann genau er Salome Alt kennenlernt, ist nicht überliefert. Wahrscheinlich treffen sich die beiden auf einer Hochzeit in der Stadttrinkstube. Salome Alt, hochgewachsen, rotbraune Haare, graue Augen. Tochter des Salzburger Ratsherrn. Sie sei, heißt es, die schönste Frau der Stadt gewesen, wohlerzogen, einfühlsam, gottesfürchtig. Wolf Dietrichs große Liebe. Im Laufe ihres gemeinsamen Lebens zeugen sie 15 Kinder, obwohl Salzburgs Fürsterzbischof als Mann der Kirche zur Ehelosigkeit verpflichtet ist. Seine Beziehung zu Salome verheimlicht er trotzdem nicht. Stattdessen überhäuft er sie mit Geschenken, wenn Gäste geladen sind, sitzt sie mit an der Tafel. Und ist er nicht sogar mit ihr vermählt, wie Zeitgenossen behaupten? Stets nennt er sie »mein Weib«. Vielleicht handelt Wolf Dietrich so, weil er schon damals in den 1590er Jahren glaubt, der Papst verkünde bald das Ende des Zölibats: Immerhin hatten bereits einige Erzbischöfe die Priesterehe gefordert, schon um der Reformation einen Dämpfer zu verpassen, die seit 1517, seit Martin Luthers 95 Thesen, so ungestüm durch die Lande fegt.

Für Salomes Eltern ändert das Gedankenspiel nichts: Geschockt von derlei Unmoral verstoßen sie ihre Tochter. Einzig Kaiser Rudolf II. verschafft dem Paar Linderung: Er erhebt Salome und die Kinder in den Reichsadelsstand, damit sie, wenigstens im »weltlichen« Sinne, dem »Makel und Gebrechen ihrer unehelichen Geburt« entfliehen können. 1606 lässt Wolf Dietrich, ganz wie ein fürsorglicher Ehemann, sogar ein neues Heim für seine Familie bauen. Jenseits der Salzach entsteht Schloss Altenau, »ain schöns, groß, geviert, herrliches Gepeü, wie ain Schloß oder Vestung« – ein herrschaftliches Anwesen, umgeben von Gärten, wie er sie in Italien kennengelernt hat. Heute trägt der Palast, umgebaut,

WOLF DIETRICH VON RAITENAU

(1559-1617) wird mit fast 28 Fürsterzbischof von Salzburg und bleibt es 25 Jahre lang

Als Liebesnest für Salome Alt ließ Raitenau das Anwesen bauen, aus dem heute Schloss Mirabell geworden ist. Auch die prächtige Sala Terrena (rechts), die mittlerweile zur Universität gehört, gab Raitenau in Auftrag

DAS REICH DER FÜRSTERZBISCHÖFE

Salzburgs Aufstieg zum mächtigen Kirchenstaat beginnt 798, als Karl der Große die Stadt zum Erzbistum erhebt – zum »Rom des Nordens«. Es ist Erzbischof Eberhardt II. (um 1170-1246), der durch Zukäufe von Grafschaften und Gerichtsbezirken den Machtbereich des bis dahin zersplitterten Salzburg vergrößert. 1328 gibt sich das Erzbistum schließlich eine eigene Landesordnung: Von nun an herrschen die Erzbischöfe wie weltliche Fürsten. Sie haben das Recht, Münzen zu prägen, Zölle und Steuern zu erheben, sie besitzen die Hoheit über die Gerichte. Seinen Reichtum verdankt das Land zu dieser Zeit seinen Salzbergwerken am Dürrnberg: Allein im 16. Jahrhundert werden dort jährlich 30 000 Tonnen des »weißen Goldes« gefördert, doppelt so viel wie in allen übrigen Salinen der Ostalpen zusammen. Über Jahrhunderte bleibt die Macht der Fürsterzbischöfe ungebrochen. Papst Pius IX. nennt den Amtsinhaber noch Mitte des 19. Jahrhunderts »einen halben Papst«.

erweitert und herausgeputzt, den Namen Schloss Mirabell, Salzburgs berühmte Sehenswürdigkeit.

Überhaupt Salzburg! Wolf Dietrich stört die mittelalterliche Enge seiner Residenzstadt. Die krummen Gassen, die kleinen Häuser. Der Dom, errichtet im 12. und 13. Jahrhundert, scheint ihm überholt. Und der Bischofshof? Erinnert an einen Gutshof, nicht an eine Residenz. Denkt Wolf Dietrich an Salzburg, schwebt ihm eine Stadt wie Rom vor – eine barocke Prachtkulisse mit weiten Plätzen und Straßen, an denen sich Paläste, Kirchen und Villen erheben.

Schon ein Jahr nach seinem Amtsantritt beginnt er mit der Neugestaltung seiner Stadt. Wolf Dietrich lässt Gebäude wegbrechen und Mauern einreißen, ein erster Schritt für seinen »Neubau«, einen Palast mit vier Flügeln. Als in der Nacht des 11. Dezembers 1598 der alte Dom lichterloh brennt, soll der Fürsterzbischof gerufen haben: »Brennet es, so lasset es brennen.« Das Feuer, bei dem sogar die Glocken schmelzen, kommt ihm gelegen: Er hat jetzt mehr Platz für seine neue Residenz. Der prunkvolle Bau beginnt 1604, just als Vincenzo Scamozzi in Salzburg weilt, der bekannte Baumeister aus Venedig.

Beinahe 70 Bauvorhaben fallen in die Zeit von Wolf Dietrichs Wirken. Halb Salzburg lässt er niederreißen, um die Stadt nach seinem Geschmack zu formen. 1606 beginnt der Umbau des alten Bischofshofs, ein Jahr darauf wird der Hofmarstall errichtet, ein kubischer Bau mit Platz für 130 Pferde – heute Salzburgs Festspielhaus. Und 1611 legt Wolf Dietrich den Grundstein für einen neuen Dom. Es bringt ihm kein Glück.

Den weitläufigen Residenzplatz machte
Raitenau durch seine Abrissarbeiten erst
möglich – und wie damals fahren darüber
noch immer Pferdekutschen

Als der Dom Feuer fängt, soll der Fürsterzbischof gerufen haben: »Brennet es, so lasset es brennen.« Das Gotteshaus war ihm sowieso zu altmodisch

Im April 1611 entbrennt zwischen Salzburg und Bayern ein heftiger Streit. Es geht ums Salz, um die Bergwerke der Region, die Salzburg reich gemacht und Wolf Dietrichs ambitionierte Bauvorhaben indirekt finanziert haben. Eine Fehde, die seit Jahrhunderten schwelt. Als Bayern nun seine Zölle auf Salzburger Salz verdoppelt, kündigt Salzburg seine Verträge mit dem Nachbarn. Der Konflikt eskaliert. Bayern blockiert Flüsse, Salzburg sperrt Straßen und lässt seine Truppen ins nahe Berchtesgaden marschieren.

Eine schlechte Idee, weil Wolf Dietrich damit seinen größten Widersacher zum Eingreifen zwingt: Maximilian I., seit 1597 Herzog von Bayern. Ein Machthaber wie Wolf Dietrich selbst: autokratisch, intelligent, hochgebildet. Sofort mobilisiert Bayerns Herzog eine Streitmacht, der Wolf Dietrich nichts entgegensetzen kann. Am 22. Oktober stürmen rund 10000 Soldaten ins Salzburger Land und ziehen bald darauf in Salzburg ein.

Und Wolf Dietrich? Hadert mit seinem Schicksal. Er weint, sitzt traurig in seinem Zimmer und klagt, dass es »auf seine Person allein abgesehen sei«. Ihm bleibt keine andere Wahl: Gehüllt in »weltliche Kleider«, begleitet von einer Handvoll Getreuer, flieht er. Vier Tage lang treibt der kleine Trupp durchs Land, bevor ihn Maximilians Schergen unweit des Katschbergs ergreifen. Ihren berühmten Gefangenen schleppen sie zunächst zur Festung Hohenwerfen, wo

er, getrennt von Salome und den Kindern, mit Rötel an die Wand kritzelt: »Lieb ist Laydes Anfangkh, Über kurz oder langkh.« Wenig später wird Wolf Dietrich nach Salzburg verfrachtet, hinter die dicken Mauern der Festung Hohensalzburg.

Der Prozess, der ihm droht, dreht sich kaum um den kurzen Krieg – Salzburgs Saline Hallein wird von nun an natürlich einzig von Bayern genutzt. Herzog Maximilian reibt sich vielmehr an Wolf Dietrichs weltlichem Lebenswandel. In einem Schreiben an den Papst klagt er ihn »offener Ketzerei« an. Im März 1612 wird Wolf Dietrich als Fürsterzbischof abgesetzt. Alle Versuche seiner Brüder, eine Freilassung zu bewirken, scheitern. Seine geliebte Salome und die Kinder schlüpfen bei Verwandten in Wels unter. Er sieht sie nie wieder.

Am Morgen des 15. Januar 1617 fällt er in Ohnmacht, Schaum tritt aus seinem Mund, verzweifelt ringt er nach Luft. Mehrere Stunden lang quält ihn ein Anfall, danach ist eine Hälfte seines Körpers gelähmt. Einen Tag später, nach einem zweiten Anfall, der ihm vollends die Kräfte raubt, stirbt Wolf Dietrich von Raitenau, Salzburgs ehemaliger Fürsterzbischof. Beigesetzt ist er auf dem Sebastianfriedhof, in dem Mausoleum, das er selbst 1597 bauen ließ. Der Rundbau ist dem Erzengel Gabriel geweiht. Ausgerechnet Gabriel, der Engel von Auferstehung und Gnade, der Wolf Dietrich im Tod spendet, was ihm in seinen letzten Jahren verwehrt blieb. Einen besseren Schutzpatron hätte sich der gefallene Lebemann kaum wünschen können. ∎

Um 1895

An der Ecke zur Hofstallgasse hat ein Pferdekarren angehalten, von denen täglich so einige durch das Neutor dahinter kommen. Das ist weder sonderlich neu noch streng genommen ein Tor. Aber er ist eine Meisterleistung: der erste Straßentunnel Österreichs. Schon im 17. Jahrhundert gab es in Salzburg Pläne, den Mönchsberg zu durchbrechen und die Altstadt so mit dem Vorort Riedenburg zu verbinden und militärisch besser zu schützen. Realität werden sie erst unter Fürsterzbischof Sigismund Graf Schrattenbach. 1764 beginnen die Bauarbeiten an dem ehemaligen Steinbruch, dessen Quader etwa für die Markuskirche verwendet wurden. Nach 15 Monaten ist der von beiden Seiten erfolgende Durchstich, an dem Tag und Nacht mehr als 30 Männer schufteten, geschafft. Trotzdem dauert es noch drei Jahre, bis das 131 Meter lange Neutor – das offiziell Sigmundstor getauft wird, aber bis heute keiner so nennt – fertig ist, schließlich müssen noch die von dem Bildhauer Johann Baptist Hagenauer entworfenen und aus dem Fels geschlagenen Portale vollendet werden. Ganz zum Schluss kommt das Portal im Osten, das ein Brustbild des Fürsterzbischofs schmückt, darüber die lateinische Inschrift *Te. saxa. loquuntur.* (Von dir sprechen die Steine.) Kurz vor 1900 sollen auf beiden Seiten noch Schilder angebracht worden sein: »Peitschenknallen verboten«. Denn bei dem Donnern im engen Tunnel kann einem nur zu leicht das Pferd durchgehen.

Ein großer Durchbruch

Als die Berge der Stadt keinen Platz mehr lassen, wird Österreichs erster Straßentunnel gebaut. Bis heute ist das **Neutor** eine wichtige Verkehrsachse

2020

Der Verkehr hat sich verändert: Neben Pferdekutschen nutzen heute jede Menge Autos und »Obusse«, wie die elektrifizierten Omnibusse genannt werden, das Neutor. Im Mönchsberg gibt es seit 1975 die Altstadtgaragen A und B mit 1300 Plätzen, von denen die eine, A, beim Neutor angefahren werden muss. Für Salzburg-Besucher sind die Parkhäuser ideal, um zu Fuß in die seit 2010 weitgehend verkehrsberuhigte Altstadt zu kommen. Wiederhergestellt wurden die Wände der Pferdeschwemme neben dem Tunnel, an der die Fürst-erzbischöfe einst ihre Pferde reinigen ließen. Die von 1732 stammenden Fresken waren lange übermalt, wurden aber Anfang des 20. Jahrhunderts wieder restauriert.

GANS ODER GAR NICHT

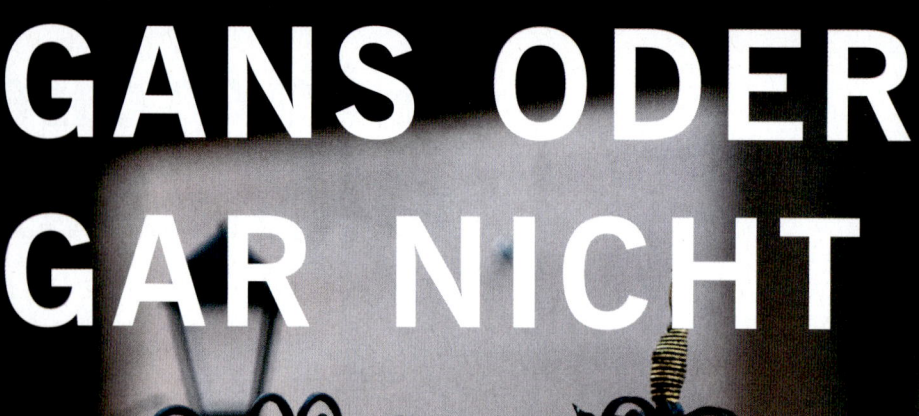

Die »Blaue Gans« ist das älteste Gasthaus Salzburgs.
Nun hat sie sich nochmal neu erfunden: als feines
Kunsthotel mit einer ganz eigenen Art von Luxus

TEXT **KALLE HARBERG**
FOTOS **INGO PERTRAMER** UND **GULLIVER THEIS**

Als Kunstkenner bezeichnet sich Andreas Gfrerer nicht – aber als ihr Liebhaber! Eines seiner Fundstücke: der rote Leuchtschriftzug im Fenster

Es ist eine hübsche Ironie der Geschichte, dass ein Haus, in dem heute Werke weltbekannter Künstler hängen, seinen Namen einer Arbeit verdankt, die so kryptisch war, dass sie keiner verstand. Das Konterfei des Tieres, das einst auf der Fassade prangte, sollte eigentlich einen Fasan darstellen, aber die Salzburger erkannten das fremde Tier nicht und gaben der Herberge mit den Jahren einfach einen anderen Namen: die »Blaue Gans«.

Zumindest blau ist das Haus wirklich. In einem zarten Azur glänzt das älteste Gasthaus der Stadt am Ende der Getreidegasse, Salzburgs berühmtester Straße, durch die früher die Waren auf ihrem Weg von München nach Venedig fuhren. Hohe Beamte und Händler wohnten damals in den Häusern. Heute sind hier Filialen von McDonald's, Zara und Jack Wolfskin zu Hause, über ihren Türen schaukeln auf alt gemachte Eisenschilder, nur das über der »Blauen Gans« – das mittlerweile wirklich eine Gans zeigt – ist eines der wenigen, das schon seine Jahre gesehen hat. Darunter im Fenster steht das erste Kunstwerk des Hotels: ein rot leuchtender Schriftzug, dessen Lettern das Wort »SOLD« buchstabieren. Es komme schon mal vor, dass Gäste das falsch verstehen, sagt Andreas Gfrerer. »Die glauben dann, wir hätten keine Zimmer mehr. Aber das ertrage ich.«

Es ist schließlich sein Hotel. Seit mehr als hundert Jahren ist das Haus, in dem sich seit 1350 ohne Unterbrechung immer eine Herberge befand, im Besitz der Familie Gfrerer. Als er noch ein kleiner Junge war, lebte Andreas Gfrerer mit seinen Eltern in den privaten Räumen des Gebäudes, das sie zum Großteil an ein einfaches Gasthaus verpachtet hatten. Im Untergeschoss befand sich außerdem der »Mexicano-Keller«, ein Jazzclub, in dem Legenden wie Ella Fitzgerald auftraten – und der trotzdem »furchtbar kitschig« gewesen sei, erinnert sich Gfrerer. Er war gerade zum Studium nach San Francisco gegangen, als er auf einmal von seinen Eltern den Anruf bekam, dass der Pächter überraschend aufhöre – ob er das Haus übernehmen wolle? Damals hatte er in den USA die ersten von Ian Schrager, einst einer der Inhaber des legendären »Studio 54«, eröffneten Boutique-Hotels gesehen und dachte sich: »Das wäre doch was für Salzburg.« Die Idee: So viel

IM HOF DES HOTELS STEHT EINE RAKETE MIT FATALEM SCHWINDEL

Hier lässt es sich aushalten: 80 Quadratmeter misst die »Cityflat« samt Wohnzimmer und Küchenzeile

wie möglich der historischen Bausubstanz des Patrizierhauses bewahren, aber gleichzeitig einen zeitgenössischen Zugang schaffen. Mehr Licht, mehr Offenheit im Innenhof, in den er einen großen Glaskörper setzen ließ, und: mehr Kunst an den Wänden. 26 Jahre war Gfrerer damals alt. »Gott sei Dank,« sagt er und lacht. »Wenn ich älter und weiser gewesen wäre, dann hätte ich wahrscheinlich mehr Bremsen eingebaut.« Im Juni 2002 eröffnete er die »Blaue Gans« neu – als Salzburgs erstes »Arthotel«, elegantes Gasthaus und zugleich innovativer Ausstellungsraum.

Mehr als 140 zeitgenössische Kunstwerke hängen heute überall im Haus. Eine Videoinstallation an der Rezeption, eine Fotografie vor dem Aufzug, ein von Joseph Beuys unterschriebener Holzscheit an der Wand der Brasserie. »Manche der Kunstwerke sind wie Pflöcke, die eingeschlagen sind«, sagt Gfrerer. Der 49-Jährige hat die Sammlung mit der Eröffnung des Hotels begonnen, zu vielen Arbeiten hat er eine persönliche Beziehung. Zum Beispiel das große abstrakte Gemälde von Walter Vopava, das er und seine Frau zur Hochzeit geschenkt bekamen, nur um dann feststellen zu müssen, dass sie zu Hause dafür nicht genug Platz hatten – jetzt hängt es hier. Oder die Rakete im Innenhof, auf den Namen »Vertigo« getauft, eine Rakete mit Schwindelanfällen also, die der Performance-Künstler David Moises und sein Partner Chris Janka am Eröffnungstag der Festspiele 2008 auf dem Herbert-von-Karajan-Platz vor der »Blauen Gans« starten ließen. Nur hatten sie die Rakete mit Heilschlamm statt mit Treibstoff befüllt, sodass die nicht nur eine Bruchlandung hinlegte, sondern auch eine ordentliche Sauerei veranstaltete – und somit das Festspiel-Publikum mit den eigenen überzogenen Erwartungen konfrontierte.

Manche Künstler lädt Gfrerer auch direkt in sein Hotel ein, und wenn sie auschecken, lassen sie bisweilen eine Arbeit zurück. Jonathan Meese blieb gleich drei Monate, »super sweet« sei er gewesen, erzählt der Hotelbesitzer. Ein Gemälde von ihm hängt heute im Treppenhaus. Darauf steht in kleinen Buchstaben: »In der Blauen Gans alles ist lieb!«

Wenn es etwas gibt, dass viele der Werke verbindet, dann eine gewisse Verspieltheit. In einer Vitrine im Erdgeschoss sitzt zum Beispiel ein ausgestopfter Hase des Künstlers Benjamin Heisenberg, der auf Knopfdruck zu Rock-'n'-Roll-Musik mit dem buschigen Schwanz wedelt. Es gebe Familien, erzählt Andreas Gfrerer, die einmal die Woche beim Altstadtbummel mit den Kindern vorbeikämen, nur um den Hasen tanzen zu sehen. Einen besonderen Schwerpunkt hat die Sammlung ansonsten nicht. Wenn Gfrerer davon spricht, woran er merkt, dass ein Werk in das Hotel passt, dann atmet er tief ein und sagt: »Da ist so ein Lächeln, eine Freude, die von ganz unten aus einer Kindheitserinnerung kommt.« Den elitären Anspruch vieler zeitgenössischer Kunst transportiert sein Haus gerade nicht. »Ein Hotel ist keine Galerie. Wir sind eigentlich eine riesengroße Sammelbox.«

Die Gemälde an den Wänden sind nur ein Teil der Kunst im Hotel. Die nach Farben eingerichteten Zimmer sind mit Designobjekten bestückt, denen die Gratwanderung gelingt, edel auszusehen und sich trotzdem gemütlich anzufühlen. Einmal im Jahr hilft Gfrerer auch bei der Organisation des Festivals Jazz & The City, währenddessen die Musiker bei ihm im Hotel leben und die Gäste bisweilen in den Genuss spontaner Jam-Sessions kommen. Außerdem ist die »Blaue Gans« immer wieder Schauplatz ungewöhnlicher Kollaboration, etwa mit einer Pop-up-Bäckerei, die in die Speisenmanufaktur des Hotels

Kunstwerke überziehen die Hotelwände, aber Raum für
Neuzugänge lasse sich immer finden, sagt Gfrerer. Im Hof wartet
derweil die Rakete »Vertigo« auf ihren nächsten Flug, in
der Küche startet Martin Bauernfeind mit seinem Team durch

Die zünftigen Wandmalereien im Restaurantgewölbe
haben schon hundert Jahre auf dem Buckel. Ein Newcomer
ist dagegen Benjamin Heisenbergs Hasenskulptur
»I Have Got A Black Magic Woman«, erst 2018 vollendet

Eines der größten Werke hängt im ersten Stock:
Konrad Adams gewaltiges Ölgemälde ohne Titel

einzieht – und vor der die Kunden an diesem Wochenende bis auf den Bürgersteig Schlange stehen.

Für die kulinarischen Höhepunkte ist ansonsten das hauseigene Restaurant zuständig. Dazu gehören die Brasserie, ein Weinarchiv, ein Garten und ein Gewölbe mit einem guten Jahrhundert alten Wandvertäfelungen, auf denen zünftige Sprüche stehen wie: »Der Humor in der Gans bei fröhlichem Suff / Er reibet die Mühsal des Lebens bald uff!«. Dreimal musste sich Martin Bauernfeind bewerben, bevor er den Job als Küchenchef bekam – für überqualifiziert hielt Andreas Gfrerer den Spitzenkoch, der zuvor bereits in zwei Hauben-Restaurants gezaubert hatte. Wer an seiner neuen Arbeitsstätte vorbeikomme, rät der 47-Jährige, müsse auf jeden Fall die Klassiker probieren: Wiener Schnitzel, Backhendl, Schulterscherzel – da macht ihnen keiner was vor. Alles aus regionalen Produkten gemacht, mit modernen Einflüssen verfeinert. Aber Sterne oder Hauben wollen sie bewusst trotzdem nicht haben. Dieses Haus, es sei eben eigen, sagt der Küchenchef. »Die ›Blaue Gans‹ steht für sich.«

Sie haben ein anderes Verständnis von Luxus in diesem Hotel. Das Vier-Sterne-Haus soll keinen fünften bekommen, das Restaurant lieber keinen einzigen. Luxus habe oft etwas ganz Billiges, findet Gfrerer, es gebe so einige edle Hotels, in denen er sich einfach nicht wohlfühle. »Wir könnten dieses Haus noch viel eleganter machen – dann hätten wir wahrscheinlich keinen Kräutergarten im Innenhof, sondern eine Skulpturengalerie. Aber das ist nicht der Punkt.« Gfrerer mag die Gäste, die er hat. Die »Blaue Gans« soll offen bleiben für Menschen, die keine Millionen auf dem Konto haben.

Und die nach ein bisschen mehr suchen als bloß einem Platz zum Schlafen. Natürlich seien Hotels immer Orte des Transits, sagt Gfrerer, aber in der »Blauen Gans« gebe es die Einladung, wirklich anzukommen und anzudocken. »Es ist immer schon eine Herberge gewesen für jene, die unterwegs sind, auch im übertragenen Sinne.« Viele Hotels haben eine lange Geschichte, aber nur wenige schreiben so viele schöne Kapitel wie dieses Haus. Zum Beispiel, als der österreichische Künstler Franz Graf sich nach einer durchzechten Nacht Stifte kommen ließ und anfing, auf eine Wand zu zeichnen, und seine Galeristin danach voller Sorge anrief, ob sie jetzt die Restaurierung bezahlen müsse. Dabei wird die Zeichnung bis heute von Gästen fortgeführt. Oder als das gesamte Ensemble der Opernfassung von »Romeo und Julia« nach der letzten Aufführung bei den Festspielen in das Restaurant einfiel und der mexikanische Tenor Rolando Villazón aufsprang und seine Arie einfach noch einmal sang.

So viele Nächte, so viele Geschichten. Manchmal gibt die »Blaue Gans« Andreas Gfrerer sogar die Chance, seine eigenen Idole kennenzulernen. Wie den renommierten Künstler William Kentridge, der schon zweimal bei ihm eincheckte und einen Linolschnitt zurückließ, der im Treppenhaus hängt. Eines Tages sagte Kentridge, er wolle gerne mehr vom Land sehen. Gfrerer erklärte sich sofort bereit, fuhr den Südafrikaner und seine Frau zum Schloss Fuschl, zeigte ihnen die wunderschönen Seen, führte sie zum Essen aus. Eine Spritztour mit einem Starkünstler. »Wenn ich an seinem Werk vorbeigehe, dann erinnere ich mich daran«, sagt Andreas Gfrerer. »Ein Geschenk so was.«

Blaue Gans Die 35 verschieden eingerichteten Zimmer gibt es in sechs Formaten von small bis zur Suite – ab sehr fairen 126 Euro das Doppelzimmer. Getreidegasse 41-43, www.blauegans.at

In der Getreidegasse

Das Fünf-Sterne-Haus »Goldener Hirsch« wurde 2019 rundum erneuert. Die liebevoll platzierten Antiquitäten zeugen von der über 600 Jahre alten Geschichte des Hotels, in dem etwa schon Prince Charles abstieg.

Getreidegasse 37, www.marriott.de

Auf dem Mönchsberg

Hoch über der Stadt und trotzdem nah dran: Sieben Minuten braucht man über den Mönchsberglift vom Fünf-Sterne-Hotel »Schloss Mönchstein« in die Altstadt. Richtig romantisch: das Turmzimmer!

Mönchsberg Park 26
www.monchstein.at

Wo Prince Charles und Tom Hanks einchecken

Schlösser oben auf den Bergen, Boutique- und Grandhotels unten im Stadtzentrum: Wenn es um stilvolle Unterkünfte geht, macht Salzburg rundum glücklich

Schloss Leopoldskron

Gleich drei charmante historische Episoden spielten sich auf dem Schloss im Stadtteil Riedenburg ab, um die sie jedes andere Hotel als Alleinstellungsmerkmal beneiden würde: Zuerst war es Sitz der Familie des Fürsterzbischofs, dann die Heimat des Theater-Pioniers Max Reinhardt, der die Salzburger Festspiele mitgründete, und schließlich Kulisse des Filmklassikers »The Sound of Music«. Heute ist Schloss Leopoldskron, das etwa einen 25-minütigen Fußweg von der Altstadt entfernt liegt, Sitz der gemeinnützigen Organisation »Salzburg Global Seminar« – und ein Hotel mit stilvollen, weitestgehend modernen Zimmern im Komplex des Meierhofs und zwölf Suiten im Schloss selbst. Dessen Schatz: Die zweistöckige Bibliothek, die Max Reinhardt nach dem Vorbild der Stiftsbibliothek in Sankt Gallen entwarf.
Leopoldskronstr. 56-58
www.schloss-leopoldskron.com

Arte Hotel

Wer geradlinige Funktionalität mehr schätzt als verschnörkelte Atmosphäre, gerade in einer Stadt wie Salzburg, die von Letzterem sowieso schon mehr als genug zu bieten hat, der ist hier richtig aufgehoben. Das 2019 eröffnete Vier-Sterne-Hotel liegt direkt neben dem Bahnhof, hat 120 modern eingerichtete Zimmer und Studios sowie ein Frühstücksbüfett im 15. Stock des gläsernen Hochhauses,

wo einem beim ersten Kaffee des Tages die Stadt zu Füßen liegt.
Rainerstr. 28, www.arte-salzburg.at

The Mozart

Es gibt so einige Orte, die in der Stadt den Namen Mozarts tragen. Der Flughafen zum Beispiel, ein Café in der Getreidegasse, in dem schon Stefan Zweig ein und aus ging, und dann dieses Hotel im Andräviertel, in das der Komponist definitiv nie eingecheckt hat. Das sollte man der Unterkunft nicht vorhalten, schließlich gibt es sie erst seit den fünfziger Jahren, und erst seit 2019 ist daraus ein elegantes Boutiquehotel geworden. Die 32 Zimmer kommen in sechs Größen daher – vom kleinen Cosy-Format bis zur Suite. Die Wände sind dekoriert mit Bildern der Fotografin Pia Clodi, die für Gäste auch Workshops anbietet. Besonders gemütlich: das Bistro mit einer Bar, in dem es morgens Brunch gibt und abends Cocktails wie den House-Drink »The Muse«.
Franz-Josef-Str. 27
www.themozarthotel.com

Franziskischlössl

Ein Schloss war diese Unterkunft wirklich einmal: Der 1629 während des Dreißigjährigen Krieges als Teil der Wehranlage errichtete Bau wurde später von Fürsterzbischof Maximilian Gandolf Graf von Kuenburg als Jagdschlösschen genutzt. Dessen private Räume sind heute zwei luxuriöse

Spaziergang gefällig? Wer im »Schloss Leopoldskron« absteigt, kann im sieben Hektar großen Park flanieren

Suiten mit mehr als 70 m² Größe, die zum Exklusivsten gehören, was die Salzburger Hotellerie zu bieten hat; die eine hat ein eigenes Spa, die andere einen eigenen Beauty-Bereich. Zu dem Schlösschen auf dem Kapuzinerberg, eine halbe Stunde Spaziergang vom Domplatz entfernt, gehören auch ein Restaurant sowie zwei bezaubernde Gärten, die immer wieder für Hochzeiten genutzt werden.
Kapuzinerberg 9, www.franziskischloessl.at

Hotel Goldgasse

Wirklich gute und im Preis faire Hotels sind in der Altstadt gar nicht so einfach zu finden. Neben der »Blauen Gans« (siehe S. 100) erfüllt das Hotel »Goldgasse« beide Kriterien: Viel zentraler als an der namensgebenden Gasse, etwa eine Minute vom Residenzplatz entfernt, kann ein Hotel nicht liegen. Mit seiner schiefen Treppe und den Deckenbalken strahlt das rund 700 Jahre alte Haus jede Menge historischen Charme aus, die 16 individuellen Zimmer lassen an schlichter Gemütlichkeit nichts zu wünschen

übrig. Unbedingt im Restaurant probieren: das Backhendl!
Goldgasse 10, www.hotelgoldgasse.at

Hotel Sacher

Jeder, der »Sacher« hört, denkt sofort an eines: Schokoladentorte mit einer Schicht aus Marillenmarmelade. Und natürlich gibt es die Spezialität in dem Fünf-Sterne-Haus auch in allen Größen und nach Originalrezept von 1832. Der Sohn des Patissiers Franz Sacher gründete später das berühmte Wiener Grandhotel, das Salzburger »Sacher« gehört zum selben Unternehmen. Und nicht nur die Torte ist ein Mythos, sondern auch das Hotel mit 109 Zimmern und Suiten selbst. Es entstand im 19. Jahrhundert in bester Lage, direkt an der Salzach. 1866 eröffnete es als »Österreichischer Hof« – ein luxuriöser Ort war es immer. Schmuckstück ist das weite Treppenhaus, das schon viele illustre Gäste betreten haben, unter ihnen Tom Hanks oder der Dalai Lama. Bester Ort, um die Torte zu genießen: die Terrasse am Fluss.
Schwarzstr. 5-7, www.sacher.com

Wer nach dem Bad gerne direkt ins Bett fällt, hat in der Suite des »The Mozart« einen kurzen Weg

Jenseits der Altstadt

Jeder kennt Salzburgs barockes Zentrum, der Gegenentwurf dazu liegt auf der anderen Salzach-Seite: Gründerzeit. Kreativität, Gemeinsinn und eine Prise Großstadt-Flair prägen das **Andräviertel**

Gemeinsinn in flüssiger Form: Phil Zezula (mit buntem Kopfband) trinkt vor seiner »academy«-Bar in der Franz-Josef-Straße ein Bier mit Stammkunden und Kollegen. Der Aufruf an der Tafel im Eingang ist von ihm – wer mehr im Geldbeutel hat, kann für unbetuchtere Gäste ein Getränk mitzahlen

TEXT **INKA SCHMELING** FOTOS **GULLIVER THEIS**

Beliebte Treffpunkte: Auf der Schranne, dem Wochenmarkt um die Andräkirche (li. o.), kommt das Viertel jeden Donnerstag zusammen. Ansonsten sieht man sich auf dem Makartplatz (re. o.), im Mirabellgarten (re. u.) oder bei »GustaV« – dem veganen Restaurant von Denise Hagopyan (im Bild li. u.) in der Wolf-Dietrich-Str. 33

Y»YES! JA! OUI!« steht über einer Tür in der Haydnstraße, und man kann daraus schon sehr viel lesen über dieses Viertel auf der rechten Seite der Salzach, das Andräviertel. Es ist ein Viertel der Ausrufezeichen und der Großbuchstaben, des Optimismus und der Offenheit, der vielen Sprachen, der Weltgewandtheit, der Lebensbejahung.

Das zeigt sich jedem, der unter diesem Schild durch die Tür geht, dahinter den schmalen Gang entlang und über den Innenhof in das Atelier von Brigitta Schöllbauer. Ausrangierte Möbel verwandelt sie hier in Unikate, gerade fertigt sie etwa Sitzhocker aus Stellwänden des Salzburger Künstlerhauses; sie standen zuvor in einer Ausstellung. »Es lohnt sich, die Dinge noch einmal anzuschauen. Darüber nachzudenken, welchen Wert sie für einen ganz persönlich haben«, regt Brigitta Schöllbauer an. Dabei komme etwas in Gang, ein ganz eigenes Zusammentreffen von Geschichte und Gegenwart.

Einen Stock über ihr schneidert Janett Sumbera aus abgelegten Dirndln hippe Hosen, aber die beiden Künstlerinnen geben mit ihrer Kreativität nicht nur Möbeln und Mode ein neues Dasein. Sondern auch diesem Haus, das vorher ein Moschee-Internat für Mädchen war; teils sind an den Wänden noch arabische Schriftzeichen oder der Halbmond zu erkennen. Und damit auch ihrem Viertel. »Das Andräviertel ist eigentlich ein einziges großes Upcycling-Projekt«, sagt Schöllbauer und Sumbera stimmt ihr zu: »Was hier in den Läden oder Hinterhof-Werkstätten immer wieder neu entsteht, das ist in Salzburg wirklich einzigartig.«

Genau das scheint dieses Viertel auszumachen: Es häutet sich immer wieder und erfindet sich neu. Immerhin entstand das Andräviertel, nachdem ab 1866 die alte Befestigungsanlage der

> »Wir wollten unbedingt in dieses Viertel. Hier gibt es viele kleine Betriebe, fast jeder Block hat im Hinterhof eine Werkstatt – perfekt für unsere Ateliers zum Upcyclen von Möbeln und Mode.«

Brigitta Schöllbauer
(li.) mit Upcycling-Kollegin Janett Sumbera

Stadt geschleift wurde. Bis dahin hatte die rechte Salzach-Seite kaum mehr zu bieten als das Schloss Mirabell samt Mirabellgarten (siehe auch S. 94) und die Linzer Gasse, die direkt in die Altstadt führt. Schloss, Garten, Gasse gehören heute daher offiziell nicht zum Andräviertel. Das nämlich wurde damals völlig neu auf den Fundamenten der Befestigung errichtet; vor allem der Architekt Jakob Ceconi, damals Inhaber des größten Bauunternehmens der Stadt, prägte das neue Viertel.

Wo einst Mauern Angriffe von der Altstadt abhalten sollten, da wurden nun mit der Franz-Josef-, Auersperg- oder Lasserstraße Boulevards angelegt, die Neuankömmlinge anlocken sollten. Das Andräviertel war im ausgehenden 19. Jahrhundert Salzburgs Versuch, sich der Welt zu öffnen. Und die Welt kam. Besucher stiegen am neuen Bahnhof am Rand des Viertels aus und im Kurhaus samt Garten ab. In den Stadtpalais ließen sich Industrielle und Abenteurer, Wirtschaftsflüchtlinge und Bankiers aus anderen Großstädten nieder,

um hier ihr Glück zu machen. Etwas von dieser Glück-und-Goldgräberstimmung schimmert noch heute auf den Gründerzeit-Fassaden, denn noch mehr als die Architekten oder Stadtplaner waren sie, die Bewohner, es, die dieses Viertel zum Gegenentwurf der barocken Altstadt auf der anderen Flussseite machten. Nicht nur die Straßen wurden hier breiter und gerader angelegt, die Häuser höher gebaut; gleich mit den ersten Andräviertlern zog hier auch dieses Yes-Ja-Oui-Gefühl ein.

Fast wäre das Viertel in den 1980ern sogar an diesem Überschwang zugrunde gegangen. Daran, dass Immobilienspekulanten nur die Fassaden und die Ladenflächen sahen, die Mietpreise, ihre Rendite. »Die haben das Andräviertel für ihre Immobilien-Goldgrube gehalten«, empört sich Renate Böhm noch heute. »Die gewachsene Struktur des Viertels hätten sie damit beinahe zerstört.« Böhm, pensionierte Juristin und Sozialwissenschaftlerin, war in den Siebzigern zum Studium nach Salzburg gezogen, durch Zufall hatte sie ein Zimmer im Andräviertel gefunden. »Es war Liebe auf den ersten Blick«, sagt sie. Und für diese Liebe hat sie gekämpft. Als Juristin in der Arbeiterkammer legte sie sich ab 1982 im lange größten Wirtschaftsprozess Österreichs mit diversen Schein- und Unterfirmen der Spekulanten an – und gewann 1989.

In viele der Wohnungen, die man während des Prozesses hatte leer stehen lassen, konnten nun wieder Menschen ziehen. Menschen, die hier nicht nur residieren, sondern auch leben wollten; eine neue Gründer-Generation kam, belebte das Viertel wieder – junge Kreative, die sich in einer der Werkstätten im Hinterhof selbstständig machten, die Lä-

» Das ›Café Wernbacher‹ war unter den Salzburger Kaffeehäusern immer der Insidertipp. Hier trifft sich das Viertel seit 1952, und ich möchte dafür sorgen, dass das so bleibt.«

Didi Maier,
Neu-Pächter des
»Café Wernbacher«

den eröffneten, Hotels, Cafés, Restaurants. Vor allem die Wolf-Dietrich-Straße hat sich als Bummelmeile etabliert, aber auch die Parallel- und Querstraßen bieten viel Stoff fürs Schaufenster-Sightseeing. »Das Andräviertel ist ein eigener Kosmos«, sagt Renate Böhm, »eine sehr lebenswerte Mischung aus Großstadt und Dorf. Nirgends ist Salzburg so kosmopolitisch wie hier. Und zugleich trifft man auf der Straße oder im Kaffeehaus garantiert immer einen Bekannten.«

Eines dieser Kaffeehäuser, in dem sich die Andräviertler schon seit Generationen treffen, ist das »Café Wernbacher«. Nach dem Corona-Lockdown im Frühjahr 2020 hatte sein Pächter aufgegeben, das Viertel bangte um die Existenz dieser Institution. Dass die nur Wochen später wieder aufmachte, die Stühle und Theke zwar frisch bezogen und an der Decke Designerlampen von Tom Dixon, trotzdem aber weiter mit dem Fünfziger-Jahre-Flair jener Zeiten, in denen hier Curd Jürgens oder Peter Alexander beim Großen Braunen saßen: Das ist Didi Maier zu verdanken.

»Ich wollte es unbedingt übernehmen«, sagt Maier, »dieses Café fand ich immer einzigartig.« Mit Cafés kennt sich Maier gut aus; er betrieb in Salzburg bereits das Restaurant »Didilicious« und die »Bakery«, als er den Zuschlag für das »Wernbacher« bekam. Neben traditionellen Kaffeespezialitäten oder Gulaschsuppe gibt es hier seitdem nun auch Quinoa- oder Tabouleh-Salate, denn auch Didi Maier sagt: »Den Geist dieses Cafés wollte ich erhalten. Aber dafür ist es schon auch wichtig, ein paar Details zu verändern.«

Der Wandel bleibt also die Konstante des Andräviertels, auch bei seinen heu-

Sightseeing-Klassiker sind die Linzer Gasse (li. o.) und der Friedhof St. Sebastian mit Kapelle (re. u.) und den Gräbern von Mozarts Vater wie Ehefrau. Salzburger Savoir-vivre zeigt das Viertel in der Pizzeria »Jolly« am Grünmarkt (re. o.) oder in der Bar »Burdock« beim Drink Green Beast (li. u.)

tigen Bewohnern. Von denen – es sind knapp 5000, die in dem kleinen Quartier zwischen Salzach, Kapuzinerberg und den Ring-Boulevards wohnen – ist ein Großteil heute zwischen 40 und 55 Jahre alt. Dazu kommt eine größere Gruppe Studierender, die Universität Mozarteum hat hier einen Standort.

Einmal im Jahr, am 15. August, treffen sich die Andräviertler zum Picknick im Kurpark. Anders als der angrenzende Mirabellgarten wird er oft übersehen, doch mit seinen verschlungenen Wegen, den riesigen Platanen und alten Kastanien hat er seinen eigenen Charme, als typischer Garten der Gründerzeit hatte man ihn im 19. Jahrhundert im englischen Stil anlegen lassen.

Größter Treffpunkt das ganze Jahr über ist die Schranne: ein Wochenmarkt, der donnerstags von 5 bis 13 Uhr rings um die Andräkirche stattfindet, samt Backhendl und Leberkäs-Semmeln auf die Hand. Auch die Kirche, um die sich donnerstags das Viertel schart, stammt aus dessen Entstehungszeit; eine erste Andräkirche an der Linzer Gasse war 1818 bei einem großen Stadtbrand so beschädigt worden, dass man sie abriss und stattdessen 1898 dieses Haus am Mirabellplatz weihte. Überraschend schlicht ist das heute: die beiden neugotischen Spitztürme, einst 61 Meter hoch, waren um 1970 in Höhe und Pomp reduziert worden. Heute fügen sie sich ins Viertel ein, statt es zu überragen. Höhepunkte des Hauses sind der Gnadenstuhl von Bildhauer Jakob Adlhart im rechten Seitenaltar und die neogotische Orgel, die um 1890 in Frankreich entstand.

Steht die Andräkirche für Glaube, Tradition und Beständigkeit, so geht es Philip Zezula in seiner »academy«-Bar darum, das Leben immer mal wieder von ganz neuen Seiten zu sehen. »Konsum« steht auf einer Tafel

> »Tagsüber arbeiten wir in der Werbeagentur, ab 16 Uhr ist die Bar im Haus offen. Da gibt's auch Vernissagen, Lesungen, Konzerte – wir wollen Abwechslung ins Viertel bringen.«

Phil Zezula,
Chef der
»academy«-Bar

an der Franz-Josef-Straße, auf die darunter ein Pfeil zeigt. Ein zweiter Pfeil zeigt in die Bar, dazu ein Wort: »Rausch«. Die markigen Tafel-Sprüche, gerne mal zu Politik oder Gesellschaft, sind die täglichen Schlagzeilen der Andräviertler; jeder kennt, was Zezula auf seine Tafel schreibt. Oben im ersten Stock betreiben sein Vater und ein Geschäftspartner eine Werbeagentur, Zezula sitzt dort in den Konferenzen, die Werber stehen ab 16 Uhr bei ihm hinter der Theke. »Wir sind große Fans abwechslungsreicher Arbeit«, erklärt er das Konzept. »Um wirklich kreativ zu sein, braucht man doch Wandel.« Man könnte meinen, er habe sich das Konzept von seinem Viertel abgeschaut. Immerhin funktioniert es hier bestens, schon seit rund 150 Jahren.

 *Gulliver Theis fotografierte das Andräviertel, sein Highlight: die Sauna im neuen Paracelsus-Bad am Mirabellgarten. Zum Abkühlen schlendert man dort hoch über den Dächern des Viertels.*

Ein grünes Biest und Kultur im Vogelhaus

... hat MERIAN-Redakteurin **Inka Schmeling** bei ihrer Recherche im Andräviertel entdeckt. Hier sind ihre Tipps auf der rechten Salzach-Seite

Kultur

Die bekannteste Attraktion am rechten Salzach-Ufer – Schloss Mirabell samt Garten – gehört offiziell nicht zum Andräviertel, grenzt aber direkt daran. Verpassen Sie beim Besuch des Barock-Ensembles nicht die Stadtgalerie im historischen Vogelhaus! Kultur-Highlights mit Produktionen für Kinder wie Erwachsene sind das Toihaus Theater und das Marionettentheater.

Schloss Mirabell Mirabellplatz 4

Toihaus Theater Franz-Josef-Str. 4
www.toihaus.at

Marionettentheater Schwarzstr. 24
www.marionetten.at

Essen und Trinken

Der gute Kaffee und eine bunte Speisekarte von Kuchen bis Quinoa-Salat bringen dem Café Wernbacher den ganzen Tag Stammkunden. Vegane Mittagsgerichte gibt's bei GustaV, abends isst man guten Fisch im istrischen Restaurant Istra. Für Aperitif oder Absacker empfehle ich die academy-Bar, in der ab 16 Uhr die Mitarbeiter der Werbeagentur im ersten Stock bedienen. Oder die Bar Burdock mit kuriosen Drinks wie dem Green Beast. Zwei Tipps für Markt-Fans: Donnerstags (5-13 Uhr) gibt's auf der Schranne auch Imbissstände – einfach was auf die Hand holen und mit einem Glaserl Wein genießen! Markt-Flair hat auch der Kleine Grünmarkt; in den Hütten gibt's Pizza (Jolly), Fisch (Backi) oder Thai-Küche (Donna's).

Café Wernbacher Franz-Josef-Str. 5

GustaV Wolf-Dietrich-Str. 33

Istra Wolf-Dietrich-Str. 27

academy-Bar Franz-Josef-Str. 4

Burdock Schallmooser Hauptstr. 10A

Über Nacht

Das Andräviertel erstreckt sich zwischen Bahnhof und Altstadt – die ideale Lage, um hier zu übernachten. Eines meiner zwei Lieblingshäuser ist die neue The Keep Eco Residence: eine Art Hostel mit Dusche und WC auf dem Gang, dafür aber mit gemütlichem Gemeinschaftsraum voller Upcycling-Möbel. Hier gibt's morgens auch ein umfangreiches Frühstücksbüfett aus veganen Gerichten mit Bio-Zutaten. Mein zweites Lieblingshaus ist das Hotel & Villa Auersperg, das mit einem sehr netten kleinen Sauna-Spa, schönem Garten, üppigem Frühstücksbüfett und gemütlich-eleganter Inneneinrichtung punktet.

The Keep Schwarzstr. 50
www.thekeepresidence.com

Hotel & Villa Auersperg Auerspergstr. 61
www.auersperg.at

Comeback einer Institution: Im 1952 eröffneten »Café Wernbacher« kehrte schon Romy Schneider ein. 2020 wurde es frisch hergerichtet, der 50er-Jahre-Charme blieb

MERIAN

ERSCHEINT IM

EIN UNTERNEHMEN DER **GANSKE** VERLAGSGRUPPE

Bildnachweis

Anordnung im Layout:
o = oben, u = unten, r = rechts,
l = links, m = Mitte

Titel: Christina Körte; S.3o Volker Renner; S.4lo Ingo Pertramer, u Internationale Stiftung Mozarteum, S.4/5 Ch. Körte, S.5r Salzburger Festspiele/Matthias Horn; S.6 intophoto, S.6/7 Gulliver Theis, S.7lu Schlossverwaltung Hellbrunn/Foto Sulzer, 7r Salzburger Festspiele/Bernd Uhlig; S.8lo Ch. Körte, lu Inka Schmeling, ro, ru G. Theis; S.10 Helge Kirchberger/Red Bull Hangar-7, S.11lo Tourismus Salzburg, lu G. Theis/SalzburgerLand Tourismus, ro Michael Schinharl/seasons.agency, S.12lo Bonnichsen, ro STADTBEKANNT Zohmann, ru Screenshot Sound of Music; S.13 lo Tim Langlotz, lu Visit Stockholm, ro Isabela Pacini, ru Walter Schmitz, S.14l Privat, S.14/15 Steffi Herrmann, S.15u Jean-Baptiste Höppner; S.16/17, 21, Ch. Körte, S.18-20, 22-25 G. Theis, S.26, 28/29 I. Pertramer, S.27 MarcoBorrelli, www.marcoborrelli.com; S.30 Andreas Kolarik/Leo, S.31 Tinkeres/ imago; S.34-41 I. Pertramer, S.36o Ch. Körte; S.42o Bertold Fabricius, u G.Breitegger/Tourismus Salzburg, S.43lo www.zuparino.com, lu Ch. Körte, ro Sebastian Mayer/Pfefferschiff, ru Hotel Schloss Mönchstein, Salzburg; S.44, 47, 50, 57 (2) Internationale Stiftung Mozarteum, S.46u, 49, 51, 55, 58 (2) G. Theis, S.48 (2), 54 ISM/ Fritz von der Schulenburg, S.52 Andreas Hechenberger, S.56 Ch. Körte; S.60-68 Ch. Körte; S.70 Ch. Körte, S.71mu Niko Zuparic; S.72/73, 74/75 Salzburg Museum, S.73r Salzburg Museum/Melanie Wressnigg, S.75u Pieter-Pan Rupprecht; S.76-80 G. Theis, S.84-86, 87o, 89, 91u G. Theis, S.87u Museum der Moderne Salzburg, Foto: Marc Haader, S.91o Kanakari/GNU Free Documentation License; S.92 G. Theis, S.93 DQS/Salzburger Burgen & Schlösser/H. Kirchberger; S.94-96l, 97 G. Theis, S.96r Universität Salzburg/Luigi Caputo; S.98 ullstein bild - Imagno/Austrian Archives, S.99 G. Theis; S.100, 101u 103lo, 104lo, ro Arthotel Blaue Gans/I. Pertramer, S.101o, 102, 103u, 104u, 105 G. Theis, S.101u, 104lo VG Bild-Kunst, Bonn 2020, S.103ro Arthotel Blaue Gans; S.107o Hotel Schloss Leopoldskron; S.108-115, 116u G. Theis, S.116o Odile Hain; S.118 Hans Simonlehner, S.119 Branislav Rohal/SalzburgerLand Tourismus, S.120 Lukas Pilz (TVB Rauris), S.121o, lu Zell am See-Kaprun Tourismus, ru daliu - stock.adobe.com; S.123 @kuscheiart; S.124-125 Illustration: P.M. Hoffmann; S.129 Ch. Körte; S.130lo Frank Heuer, lu, ro Günter Standl/A.R.T. Salzburg, ru Dalibor Brlek/Shutterstock; Kartenillustration: Jochen Schäfers Karten: maps4news.com ©HERE

Foto-Syndication

Stockfood GmbH
Tumblingerstraße 32, 80337 München
Tel. 089 747202-90
E-Mail: willkommen@seasons.agency
www.seasons.agency

Redaktionsschluss

15. Dezember 2020

Wir bedanken uns für die Unterstützung durch die TSG Tourismus Salzburg GmbH.

Chefredakteur	Hansjörg Falz
Stellvertretende Chefredakteurin	Kathrin Sander
Art Direction	Isa Johannsen
Chefin vom Dienst	Jasmin Wolf
Textchefinnen	Kathrin Sander, Tinka Dippel
Redaktion	Tinka Dippel, Kalle Harberg, Andreas Leicht, Jonas Morgenthaler, Stefanie Plarre, Inka Schmeling; Mitarbeit: Uwe Fischer, Hannes Lübcke
Bildredaktion	Violetta Bismor, Tanja Foley, Katharina Oesten (Leitung)
Layout	Lena Glauche (stellv. AD), Tanja Schmidt
Redaktionsmanagement	Bodo Drazba (Ltg.)
www.merian.de	Jennifer Bielek
Assistenz der Chefredaktion	Nik Behrend, Birgit Janssen
Konzeption dieser Ausgabe	Kalle Harberg (Text), Violetta Bismor (Bild)
Autoren	Antonia Baum, Kristine Bilkau, Dennis Gastmann, Finn-Ole Heinrich, Thomas Pletzinger, Till Raether, Saša Stanišić, Ilija Trojanow, Hans Zippert
Verantwortlich für den red. Inhalt	Hansjörg Falz
Head of Editorial Teams	Dr. Thomas Garms
Geschäftsführung	Thomas Ganske, Sebastian Ganske, Heiko Gregor (CEO), Peter Rensmann
Brand Owner/Verlagsleitung	Oliver Voß
Gesamtvertriebsleitung	Jörg-Michael Westerkamp (Zeitschriftenhandel), Thomas Voigtländer (Buchhandel)
Abovertriebsleitung	Christa Balcke
Leitung Leserreisen	Oliver Voß
Head of Sales	Helma Spieker (verantwortlich für Anzeigen), Tel. 040 2717-0
Senior Brand Manager	Henning Meyer, Tel. 040 2717-2496
Anzeigenstruktur	Corinna Plambeck-Rose, Tel. 040 2717-2237
Marketing Consultant	Alexander Grzegorzewski
Ihre Ansprechpartner vor Ort:	
Region Nord	Jörg Slama, Tel. +49 40 22859 2992, joerg.slama@jalag.de
Region West / Mitte	Michael Thiemann, Tel. +49 40 22859 2996, michael.thiemann@jalag.de
Region Südwest	Marco Janssen, Tel. +49 40 22859 2997, marco.janssen@jalag.de
Region Süd	Andrea Tappert, Tel. +49 40 22859 2998, andrea.tappert@jalag.de
Repräsentanzen Ausland:	
Belgien/Niederlande/Luxemburg	Mediawire International, Tel. +31 651 48 01 08, info@mediawire.nl
Frankreich/Monaco	Dagmar Hansen, Tel. +49 4027172030, dagmar.hansen@jalag.de
Großbritannien/Irland	Mercury Publicity Ltd., Tel. +44 7798 665 395, stefanie@mercury-publicity.com
Italien	Media & Service Inter national Srl, Tel. +39 02 48 00 61 93, info@it-mediaservice.com
Österreich	Michael Thiemann, Tel. +49 40 228 59 2996, michael.thiemann@jalag.de
Schweiz/Liechtenstein	Affinity-PrimeMEDIA Ltd., Tel. +41 21 781 08 50, info@affinity-primemedia.ch
Skandinavien	International Media Sales, Tel. +47 55 92 51 92, fgisdahl@mediasales.no
Spanien/Portugal	K. Media, Tel. +34 91 702 34 84, info@kmedianet.es

Die Premium Magazin Gruppe im Jahreszeiten Verlag
Gültige Anzeigenpreisliste: Nr. 10
Heft 02/2021 – Salzburg. Erstverkaufstag dieser Ausgabe ist der 21.01.2021
MERIAN erscheint monatlich im Jahreszeiten Verlag GmbH, Harvestehuder Weg 42, 20149 Hamburg, Tel. 040 2717-0
Redaktion Tel. 040 2717-2600, E-Mail: redaktion@merian.de **Internet** www.merian.de
Abonnementvertrieb und Abonnentenbetreuung DPV Deutscher Pressevertrieb GmbH, Tel. 040 2103-1371, Fax -1372, www.dpv.de
E-Mail: leserservice-jalag@dpv.de
Vertrieb DPV Vertriebsservice GmbH, www.dpv-vertriebsservice.de
Litho K+R Medien GmbH, Darmstadt
Druck und Verarbeitung Walstead Kraków Sp. z o.o., Obrońców Modlina 11, 30-733 Krakau, Polen

Weitere Titel der JAHRESZEITEN VERLAG GmbH: A&W ARCHITEKTUR & WOHNEN, CLEVER LEBEN, COUNTRY, DER FEINSCHMECKER, FOODIE, HOLIDAY, LAFER, MERIAN SCOUT, PRINZ, POLETTO, ROBB REPORT, SCHÖNER REISEN, WEIN GOURMET

48 STUNDEN IM

Salzburger Land

Klares Heimspiel: In diesen Bergen wurde Felix Gottwald zu einem der besten Sportler Österreichs. Hier sind seine Tipps für atemberaubende Tage in der Natur rund um Salzburg

Mein Lieblingsplatz im Salzburger Land? Das ist für mich, der dort geboren ist, als müsste ich aus meinen Kindern ein Lieblingskind auswählen – das kann ich nicht! Aber mein Papa hatte in Zell am See dreißig Jahre lang eine Autowerkstatt, die sollte der Sohn eigentlich eines Tages übernehmen. Durch den Sport kam es anders, doch jedes Mal, wenn ich für ein Wochenende zurückkomme und meine Mutter besuche, die dort immer noch topfit lebt, springe ich von Frühjahr bis Herbst in den Zeller See hinein. Das möchte ich nie missen wollen.

Ich liebe einfach die vier Jahreszeiten bei uns im Salzburger Land, die man sogar oft an einem Tag erleben kann. Ganz speziell ist dabei etwas, was wir den »Zeller Triathlon« nennen: morgens auf dem Gletscher Ski fahren, nachmittags eine Runde über den Zeller Golfplatz drehen und abends auf dem See segeln oder zum Schwimmen hineinspringen – es gibt nicht viele Plätze auf der Welt, wo man all das an einem einzigen Tag verbinden kann. Und der Blick bei Sonnenuntergang vom Wasser

hinauf zum 3200 Meter hohen Kitzsteinhorn ist unschlagbar.

Als ich noch ein Kind war, startete direkt neben unserer Werkstatt die alte Dampflok mit Ziel Krimmler Wasserfälle im Nationalpark Hohe Tauern. Kaum zu glauben, dass so ein Bächlein am Ende so ein Naturschauspiel hervorzaubert, das zu den größten Wasserfällen Europas zählt. Herrlich, da im übrigens auch heilsamen Wassernebel zu stehen – und an einem heißen Sommertag auch wunderbar erfrischend. Der Heilstollen im Gasteinertal wiederum tut gut, wenn man Rheuma oder Rückenprobleme hat. Eine Radontherapie wirkt entzündungshemmend und regenerierend.

Im Salzburger Land zu sein, heißt ja ohnehin, in, mit und von der Natur zu leben. Als Ausdauersportler liebe ich es, draußen zu sein. Kommen sportliche Freunde zu Besuch, machen wir uns mit dem Rad gern so früh wie möglich am Tag auf über die Großglockner Hochalpenstraße. Mit dem E-Bike haben viele die Chance, dies auch zu schaffen – und wenn man zu Saisonbeginn Anfang Mai dort »auffi« fährt, ragen an den Straßen-

Felix Gottwald, geboren 1976 in Zell am See, gewann als Nordisch-Kombinierer bei Olympischen Winterspielen drei Gold-, eine Silber- und drei Bronzemedaillen und ist damit der erfolgreichste Österreicher aller Zeiten. Heute arbeitet er als Speaker und Coach, als beherzter Unternehmer betreibt er selbst etwa das Bewegungsstudio »Feelgood« für ältere Menschen in Zell am See.

Hagrids Hütte in Hogwarts? Nein! Wie ein kleines österreichisches Zauberschloss thront die Peter-Wiechenthaler-Hütte seit knapp hundert Jahren auf dem Kienalkopf — und bietet bei Sonnenuntergang einen fantastischen Blick auf die Gebirgsformation Steinernes Meer

Grandiose Ausblicke gibt's von den Gipfeln im Raurisertal – Schauplatz der jährlichen Oster-Skitour von Gottwald und seinen Freunden

seiten Schneewände auf, die bis zu zehn Meter hoch sein können. Das vergisst du nicht mehr, wenn du da durchgefahren und glücklich oben angekommen bist.

Gigantisch groß ist bei uns aber nicht nur die Natur. Da gibt es etwa die Skisprungschanze Bischofshofen, von der ich selbst oft genug runtergesprungen bin. Einfach mal dort zum Anlaufturm raufklettern – das gibt einem ein Gefühl für die wahren Dimensionen dieser Sportart, die die meisten nur aus dem Fernsehen kennen. Mit Glück trainiert sogar gerade eine Nationalmannschaft. Auch die Anlagen der Kapruner Hochgebirgsstauseen nötigen Respekt ab.

Aber natürlich geht es auch weniger adrenalingeladen. Ein entspannter Tag im Salzburger Land sollte im UNESCO-Biosphärenpark Salzburger Lungau beginnen. Über den Lungau mit seiner unberührten Natur sagt man bei uns mit einem Augenzwinkern, dass man dort der Zeit noch hintennach ist. Anschließend nimmt man den Oberhüttensee bei Radstadt ins Visier, mein Lieblingsplatz für ein einsames Naturbad vor großer Kulisse. Und an einem klaren Abend empfehle ich den Weg hinauf zur Sternwarte Salzburg – dort spürt man sehr schnell, wie winzig man doch ist. Der Blick von dort ins Universum, mich erdet er stets.

Schöne Ausflüge, die sich besonders mit Kindern lohnen, haben wir natürlich auch. Auf der fast tausend Jahre alten Burg Hohenwerfen im Pongau beeindrucken etwa die immer ab dem späten Vormittag beginnenden Greifvogelschauen – da werde ich mit meinen beiden Töchtern auch bald mal wieder hinfahren. Nebenan in Werfen besuchen wir dann am Nachmittag die Eisriesenwelt. Ge-

heimnisvoll ist das, was die Natur an erstarrten Wunderwerken in diesem Eishöhlenlabyrinth geformt hat. Im Tiergarten Hellbrunn sind wir als Familie auch ein paar Mal im Jahr, die Kinder mögen besonders die Fütterungen. Und mich erinnert das an meine Zeit als Kombinierer, weil eine unserer Trainings-Laufstrecken durch Hellbrunn geführt hat und wir in der Mannschaft immer darauf gewettet haben, ob der Löwe an dem Tag nun die Höhle in seinem Gehege verlassen hatte oder nicht.

Ein Fixpunkt in unserem Kalender ist die Karfreitags-Skitour: Oben auf dem 3100 Meter hohen Rauriser Sonnblick treffen wir uns in unserer Freundesrunde traditionell jedes Jahr – für mich auch mein Ort des Fastenbrechens. Es heißt früh aufstehen, morgens ist es da oben am schönsten, nicht nur an Ostern. Der Weg ist jedoch kein Spaziergang.

Wenn wir Salzburger auf den Berg gehen, denken wir die Alm immer gleich mit. Was wären wir im Salzburger Land ohne diese Highlights, von denen es in Europa nirgendwo so viele auf so wenig Raum gibt wie hier: die Almen und gastfreundlichen Hütten! Die Peter-Wiechenthaler-Hütte oberhalb von Saalfelden ist so ein wunderbarer Platz zur inneren Einkehr mit faszinierendem Blick auf den Gebirgsstock des Steinernen Meeres.

Und soll ich sie wirklich verraten, meine gute Mahdalmhütte am Fuße der Bischofsmütze? Da oben waren Freunde von mir mal die Pächter, so ein schöner Flecken Erde! Rauf geht's von Filzmoos oder Annaberg, oben kann man einen herrlichen Wanderweg um den Gosaukamm laufen. Zur Belohnung gibt's auf der Alm ein Seidl Bier plus Kaspressknödelsuppe – und der Alltagsstress ist sofort ganz weit weg. *Protokoll: Jochen Harberg* ■

1| Ab ins Blaue! Der Zeller See kann im Sommer angenehme
23 Grad haben 2| So warm werden die Krimmler Wasserfälle nie,
dafür zählen sie mit einer Fallhöhe von 380 Metern zu den
spektakulärsten Europas 3| Das Imbachhorn liegt neben dem
bekannteren Kitzsteinhorn und ist perfekt für Skitouren

Alte Schule

In 23. Generation führt Michaela Gmachl den »Elixhauser Wirt«, es gibt ihn seit 1334, und damit ist er Österreichs ältester Familienbetrieb. Aus dem Gasthof ist mittlerweile ein Romantik- und Wellnesshotel geworden. Besonders schön: die verschachtelten Stuben mit Säulen und Gewölben.
www.gmachl.com

Gute Aussichten

Das einst höchste bäuerliche Anwesen von Hallwang ist heute ein beliebtes Ausflugsziel der Einheimischen. Seit 1350 lässt sich vom »Gasthof Daxlueg« ganz wunderbar über das Land schauen – vor allem von der Terrasse, die Plätze dort sind schon zum Frühstück heiß begehrt.
www.daxlueg.at

Große Runde

Mit Gut Altentann hat sich Henndorf am Wallersee fest in der Golfwelt etabliert. Kein Wunder: Hier hat Jack Nicklaus, mit 18 Major-Siegen der erfolgreichste Golfer aller Zeiten, seinen ersten Signature Course auf dem europäischen Festland verwirklicht.
www.gutaltentann.com

Fünf Landpartien mit Bus und Bahn

Vogelreiche Auen, alte Bauernhöfe oder ein Gipfel mit Aussicht bis nach Bayern: Für diese **kleinen Fluchten** rund um Salzburg brauchen Sie kein Auto

Grödig

Für den Dalai Lama ist der Untersberg das »Herz-Chakra Europas«: Sein mächtiges Massiv reicht hinüber bis ins Berchtesgadener Land und ist durchzogen von Dolinen und riesigen Höhlen. Der Sage nach schläft in einem dieser unterirdischen Paläste Kaiser Karl. Alle hundert Jahre erwacht er, um sich davon zu überzeugen, dass die Raben noch um den Berg kreisen – denn tun sie dies nicht mehr und ist sein Bart dreimal um den Tisch gewachsen, naht das Ende der Welt. Noch ist bis dahin zum Glück etwas Zeit und die Untersberg-Seilbahn in Grödig, südlich von Salzburg, ein beliebtes Ausflugsziel. Damit geht es hinauf zur Bergstation auf 1776 Meter Höhe – ganze 1548 Meter ihrer Fahrt absolviert die Seilbahn frei hängend. Das 360-Grad-Panorama von oben über Salzburg und das bayerische Grenzland könnte eindrucksvoller nicht sein. Trotz der gut ausgebauten Wege am Gipfelplateau ist festes Schuhwerk unbedingt notwendig. Wieder im Tal, lohnt die im Kern romanisch-gotische Wallfahrtskirche St. Leonhard einen Blick – und echte Wirtshausküche, von der Rindsuppe bis zum Brat'l, gibt's nebenan beim Simmerlwirt.
Vom Salzburger Rathaus geht es mit dem O-Bus 5, den Bussen 25 oder 28 in einer halben Stunde zur Talstation der Seilbahn.
www.groedig.net
www.untersbergbahn.at
www.simmerl.at

Wals-Siezenheim

Mehr als 13000 Einwohner hat dieses Dorf – und ist damit das größte Österreichs. Aber Wals-Siezenheim ist nicht nur Schlafsiedlung für Salzburger Pendler, sondern auch landwirtschaftlicher Versorger der Stadt. In den vielen bäuerlichen Hofläden trifft man zunehmend Urlauber, die sich vor der Heimfahrt mit Obst und Gemüse eindecken. Mit der Bachschmiede verfügt Wals-Siezenheim außerdem über ein Kulturzentrum mit anspruchsvollem Kabarett- und Musikprogramm, Ausstellungen zur Geschichte der Region und wechselnden Kunstschauen. Sehenswert ist das Herzstück des Museums: die restaurierte Schmiede, die dem Museum seinen Namen gibt. Und nach dem Besuch hat man sich gegenüber im Café Sturm ein Stück der hausgemachten Torten und Strudel verdient. Oder auch zwei.
Vom Salzburger Ferdinand-Hanusch-Platz fahren etwa der O-Bus 10 und der Bus 27 nach Wals-Siezenheim.
www.diebachschmiede.at

Großgmain

Aus dem Backofen duftet es nach Brot, und drüben beim Schmied lodert die Glut: Das Salzburger Freilichtmuseum in Großgmain macht Geschichte mit allen Sinnen erlebbar. Auf 50 Hektar im Naturpark Untersberg erhielt das historische bäuerliche Leben der fünf Salzburger Gaue, in die sich das Salzburger Land gliedert,

Bequemes Wanderglück: Zu
den Wegen auf dem Untersberg
fährt von Grödig eine Seilbahn

eine neue Bühne. Mehr als hundert
vom Verfall bedrohte Gebäude wurden Balken für Balken abgetragen
und hier originalgetreu wiederaufge-
baut und eingerichtet. Eine knapp
zwei Kilometer lange Museumseisen-
bahn verbindet Bauernhöfe, Hand-
werkerhäuser, Mühlen und viele andere historische Gebäude, die alle das
ganze Jahr über durch Vorführungen,
Vorträge und Kurse mit Leben gefüllt
werden. Besonders romantisch: Zu
Weihnachten fahren Pferdeschlitten
durch das verschneite Gelände. Fast
wie ein Teil des Freilichtmuseums
wirkt der nur zweieinhalb Kilometer
entfernte Latschenwirt: Für Bier und
den kleinen Imbiss steht die Gast-
stube bereit, das Restaurant mit hei-
melig alpiner Holzstube ist der stim-
mige Rahmen für Wildgerichte mit
Fleisch aus der eigenen Jagd.

Vom Salzburger Hauptbahnhof ist
man mit dem Regionalbus 180 in
35 Minuten am Freilichtmuseum.
www.grossgmain.info
www.freilichtmuseum.com
www.latschenwirt.at

Anthering

Wer sieht hier wohl zuerst einen Biber,
der im Wasser tollt? Das Natura
2000-Gebiet Salzachauen ist bei Familien ein extrem beliebtes Ausflugsziel.
Das 1145 Hektar große Schutzgebiet
wird von einem kinderwagentaugli-
chen Schotterweg durchzogen und
liegt nicht weit von Antherings Dorf-
zentrum entfernt. Seltene Vogelarten
haben in der Au ebenso ihre Heimat
wie Füchse, Reh- und Damwild und
Wildschweine. Ein schöner Ort zum
Einkehren ist Kernei's Mostheuriger in
Anthering selbst – ein jahrhunderteal-
ter Erbhof mit Hofmetzgerei, Schnaps-
brennerei und rustikalen Holzstuben,
in denen Familie Muckenhammer
Hausmannskost serviert. Die Forellen
kommen aus den eigenen Fischteichen,
und auch alles andere auf der Karte
macht Lust, von den Kasnockn bis zur
getoasteten Schweinsbratl-Semmerl.

Mit der S-Bahn-Linie 1 braucht man
nur eine Viertelstunde bis nach Anthering.
www.anthering-info.at
www.kernei.at

Elsbethen

Stolze 200 Millionen Jahre alt ist
das vollständig erhaltene Dinosaurier-
Skelett im Salzburger Haus der Natur
(Museumsplatz 5). Gefunden wurde
es in der Glasenbachklamm im Süden
Salzburgs. Unweit des neuen Firmen-
sitzes von Red Bull in Elsbethen liegt
der Zugang zu einem stetig ansteigen-
den, geschotterten Spazierweg durch die
wilde Schlucht. Der Bach rauscht hier
über kleine Stromschnellen, entlang
des Wegs informieren geologische
Schautafeln über die vielen verschiedenen Gesteinsschichten der Klamm.
Mit etwas Kondition lässt sich die
rund einstündige Wanderung auch
mit Abstechern zur Fageralm oder
Erentrudisalm kombinieren. Berühmt
für seine Kasnockn ist der ein Stück-
chen entferntere Alpengasthof Mitteregg.

Der O-Bus 7 fährt vom
Salzburger Rathaus zur Station
»Elsbethen Glasenbach«
in der Nähe der Klamm.
www.elsbethen.info
www.erentrudisalm.at
www.zum-kasnocknwirt.at

Die Nockerl-Demut

Unser Kolumnist bemüht sich seit Jahren, die Salzburger
Spezialität schlechthin zuzubereiten – und hat
immer noch nicht begriffen, ob er dabei an der trügerischen
Einfachheit des Rezepts oder an sich selbst scheitert

TEXT **TILL RAETHER**
ILLUSTRATIONEN **P. M. HOFFMANN**

I ch habe also wieder die Nockerl versaut. Die Nockerl sind meine Meister. Denn ich kann zwar vieles nicht in der Küche, aber nichts kann ich weniger als die Nockerl. Erst die Nockerl haben mich gelehrt, was Demut ist. Demut ist, einer Eierspeise zu unterliegen und dies zu akzeptieren.

Meine Tochter hat einmal in der Grundschule ein Referat über Mozart gehalten, und bei ihren Recherchen über seine Heimatstadt stieß sie auf ein Foto der nach Salzburg benannten Nockerl (Nockerln? Ich kann sie nicht nur nicht zubereiten, ich kann sie auch nicht beugen). Sie druckte das Nockerlfoto aus und klebte es auf ihre Mozart-Pappe und bat mich, diese wunderbar aussehende Speise zuzubereiten.

Wunderbar, weil die Nockerl mit ihren drei Gipfeln die Salzburger Hausberge Mönchsberg, Kapuzinerberg und Gaisberg darstellen, mit Puderzucker, der an die beschneiten Gipfel erinnert. Ich liebe es, nach österreichischen Rezepten zu kochen, weil darin das Wort Ofenrohr vorkommt und die Formulierungen man solle »das Rohr vorheizen« und Dinge »ins Rohr schieben«. Dieser etwas archaische, martialische Sound verleiht dem Backvorgang in meinen Ohren eine gewisse Gravitas. »Staubzucker« ist auch ein schöneres Wort als »Puder-

An dieser Stelle schreiben
Antonia Baum, Kristine Bilkau,
Dennis Gastmann, Finn-Ole
Heinrich, *Till Raether,*
Saša Stanišić *und* ***Hans Zippert*** *in*
unregelmäßiger Folge über die Welt
und wie sie ihnen begegnet.

zucker«, es unterstreicht das Verwehte, Vergängliche, es betont die Leichtigkeit der zu erwartenden Speise.

Tatsächlich braucht man für die Salzburger Nockerl eine trügerisch geringe Anzahl von Zutaten: Eier, Zucker, Mehl. Dazu Vanillezucker, vielleicht Zitronenschale, Butter für die Form (die Frage, ob und welche Beerensauce wir dazu reichen, möchte ich an dieser Stelle ausblenden, meine Kinder haben sich nicht so für Beerensauce interessiert, und ich hatte, wie man sehen wird, andere Probleme). Man muss die Eier trennen, das Eiklar (vielleicht mit einer Prise Salz) steif schlagen, dann den Zucker einrühren und die Eigelbe, das Mehl und den Vanillezucker und die abgeriebene Zitronenschale vorsichtig unter den festen Eischnee heben, sodass man darin später gelbe Bahnen sieht. An dieser Stelle kommen dann gern Formulierungen wie: »drei Nocken abstechen«, die man dann in der Form ins »auf 220 Grad vorgefeuerte Rohr« (nach dem Gedächtnis zitiert) schieben soll. Nach ungefähr zehn Minuten: voilà (kein Salzburgerisch), nun noch den Staubzucker des Ephemeren darüberhauchen.

Was könnte überhaupt schiefgehen? Sowohl meine Großmutter als auch meine Mutter haben in meiner Kindheit viel mit mir gebacken, ich bin in den 1970er Jahren

aufgewachsen. Das heißt mit drei Bedrohungen: dass »der Russe« kommt, dass »die Terroristen« kommen und dass der Eischnee nicht steif wird. Ich glaube, nichts ist mir nachdrücklicher eingeschärft worden, als die Tatsache, dass unter keinen Umständen Eigelb oder irgendetwas anderes ins Eiweiß geraten darf, am besten, man schaute das Eiweiß nicht einmal scharf an, bis es steif war. Nie ist mir in 40 Jahren ein geschlagener Eischnee missraten, dennoch bin ich jedesmal gestresst und unterbreche mehrfach den Arbeitsgang, um zu prüfen, ob nicht doch etwas Eischneefremdes an den Rührbesen hängt. Dies führt dazu, dass meine Konzentration nachlässt und ich mich zum Beispiel beim Trennen der Eier verzähle oder vergreife. Im aktuellen Fall: Ein Eiweiß landete in der Eigelbschüssel, sodass ich ein weiteres Ei trennen musste, damit ich am Ende 5 Eiweiße in einer Schüssel und 6 Eigelbe und 1 Eiweiß in der anderen hatte. Um dies vorwegzunehmen: nicht ideal! (Und weil wir bei Mengenangaben sind: etwa 40 Gramm Zucker und 20 Gramm Mehl.)

Weitere Fehlerquellen, außer Eier falsch trennen oder Schnee nicht steif bekommen, sind bei diesem so trügerisch einfachen Rezept: das Mehl klumpig werden lassen; das Eigelb vorm Unterziehen zu flüssig rühren; den Vorgang des Unterhebens, indem man nicht rechtzeitig aufhört, zu einem Einrühren werden lassen; und zwischendurch den Ofen aufmachen, wenn die Nockerl schon drin sind.

Das Letzte geschah, als ich für meine Tochter das erste Mal an den Nockerl scheiterte: Wir wollten zwi-

schendurch mal nach ihnen schauen, aber die Nockerl hätten lieber ihre Ruhe gehabt, sie fielen vor unseren Augen zusammen. Bei einem weiteren Versuch habe ich diesen einen Tick zu lange gerührt, und man kann, alte Nockerlweisheit, gerührten Nockerlteig nicht wieder entrühren. Diesmal aber geriet mir das ganze Konstrukt wegen des überzähligen Eis in der Eigelbmasse von vornherein zu flüssig, an »abstechen« war nicht mehr zu denken, am Ende war es mehr ein Kippen in die Form. Meinen mühsamen Versuch, im weiteren Verlauf (haha) drei bergähnliche Gestalten daraus zu formen, hätte ich mir schenken können.

Man sah den Nockerl an, dass ich in der Norddeutschen Tiefebene lebe und sie dort zubereitete: Sie wurden ein landschaftlich eher uninteressantes Flachgebiet, auf dem der Staubzucker aussah, als hätte es anderthalb Minuten auf einen ebenen Trampelpfad geschneit und dann für den Rest des Jahrzehnts nicht mehr.

»Schmecken aber gut«, sagte die Familie. Für mich ein schwacher Trost. Ich will einmal stabile Nockerl abstechen können, bevor ich sie ins Rohr schiebe. Ich möchte einmal die Kuchengabel in die drei Hausberge versenken und nicht in eine landschaftliche Endmoräne. Aber offenbar bin ich von Salzburg, seiner Umgebung und seinem Spirit so weit entfernt, dass ich nur zwei Möglichkeiten habe: mich entweder weiter in Demut üben oder endlich wieder hinfahren und mir die Nockerl vor Ort von Leuten zubereiten zu lassen, die mehr davon verstehen als ich. Ich glaube, davon gibt es in Salzburg 157 245.   ■

DIE MERIAN-HIGHLIGHTS

1 Mozarts Geburtshaus
Wie das Genie seine Kindheit und Jugend in der Stadt verbrachte (Seite 44)

2 Festspielbezirk
Wo jeden Sommer das berühmte Klassik-Festival gefeiert wird (Seite 76)

3 Dom
Das große Erbe und wilde Leben von Fürsterzbischof Raitenau (Seite 94)

4 Museum der Moderne
Spektakulärer Neubau auf dem Mönchsberg (Seite 84)

5 Andräviertel
Die coolste Nachbarschaft der Stadt (Seite 108)

6 Sattler-Panorama
Ganz Salzburg in einem riesigen Gemälde (Seite 72)

7 M32
Das feine Restaurant von Unternehmer und Politiker Sepp Schellhorn (Seite 34)

8 Kirchtag
Die Schirmmanufaktur und weitere Traditionsläden der Altstadt (Seite 60)

9 Blaue Gans
Das älteste Gasthaus der Stadt stellt erlesene Kunst aus (Seite 100)

10 Zell am See
Naturschönheit im Salzburger Land (Seite 118)

Sterneckstraße

B1

Paracelsusstraße
Lasserstraße
nz-Josef-Straße
Stelzhamerstraße
Rupertgasse
Bayerhamerstraße
Grillparzerstraße
Rupertgasse
Vogelweiderstraße
Dr.-Karl-Renner-Straße
Canavalstraße
Robinigstraße
Auerspergstraße
Virgilgasse
Arnogasse
Emil-Kofler-Gasse
Schallmooser Hauptstraße
ranengasse
Paris-Lodron-Straße
Wolf-Dietrich-Straße
Glockengasse

Linzer-Gasse

Linzer Gasse

Kapuzinerberg

Kapuzinerkirch
und -kloster

ann
erg

Steingasse

Pausingerstraße

Salzach

Imbergstraße
Giselakai
Arenbergstraße
Schloss
Arenberg
Rehlingenstraße

Judengasse
Rudolfskai
Mozartsteg

AUVA
Unfallkrankenhaus

Bürgl-
stein

Elsenheimstraße

Michaelskirche
Mozartplatz
Salzburgmuseum
Residenz-
platz
6

Dom
3

Basteigasse
Pfeifergasse
Krotachgasse
Kapitelgasse
Rudolfskai
Krankenhaus der
Barmherzigen Brüder
Kajetanerkirche
Salzburger Bundesstraße
Giselakai

B150
Bürglsteinstraße
Hermann-Bahr-Promenade

Franz-Josef-
Park

Hundertwasser-Allee

Kapitelplatz
Herrengasse
Kaigasse
Schanzlgasse
Heilbrunner Straße
Franz-Hinterholzer-Kai
Ignaz-Rieder-Kai

Festungsgasse
Stiftskirche
Nonnberg
Georgskirche
Nonnberggasse
Nonntaler Hauptstraße
Petersbrunnstraße
Josef-Preis-Allee

Festung
Hohensalzburg
St. Erhardkirche

B150

Legend:
- Bundesstraße
- Straße
- Verkehrsberuhigte Zone
- Fußwege
- Bahnlinie
- Fernbahnhof
- S-Bahnhof

N

50 m

©Mapcreator.io/©HERE

DIE BÜCHER ZUR REISE

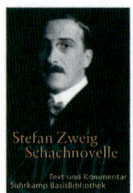

Stefan Zweig, Schachnovelle, Suhrkamp 2013, 114 S., 6 € Zweig, der von 1919 bis 1934 in Salzburg lebte, war nur ein schlechter Schachspieler. Diese Novelle aber ist ein Meisterwerk.

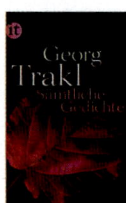

Sämtliche Gedichte, Georg Trakl, Insel Verlag 2014, 198 S., 8 € Trakl wuchs in einem Haus am Mozartplatz auf; die gesammelten Verse seines nur 27 Jahre langen Lebens sind bis heute tief berührend.

Rolando Villazón, Amadeus auf dem Fahrrad, Rowohlt 2020, 416 S., 26 € Der Roman des bekannten Tenors (S. 52) ist eine Liebeserklärung an Mozart – und auch an seine Heimatstadt.

Adrian Seidelbast, Gebrauchsanweisung für Salzburg und das Salzburger Land, Piper 2012, 224 S., 14,99 € Schon älter, aber immer noch gut – auch wenn dem Land im Vergleich zur Stadt viel Platz gewidmet ist.

Sieben Minuten hinter der Grenze

... liegt eine Stadt, die Schönheit, Kultur und Genuss vereint. Ihre Stärken: eine barocke Altstadt, Hausberge mit Traumblick und Musik, die Millionen Menschen berührt

Einwohner

157 245 Menschen leben in der Stadt, die damit nach Wien, Graz und Linz die viertgrößte Österreichs ist. Eine der größten Minderheiten: Deutsche, die knapp fünf Prozent der Bewohner ausmachen.

Geografie

Salzburg liegt im gleichnamigen österreichischen Bundesland in unmittelbarer Nähe zur deutschen Grenze. Charakteristisch für das Stadtbild sind die Hausberge, die Salzburg einrahmen und unterteilen. Die drei wichtigsten: der Festungsberg und der Mönchsberg am Südufer der Salzach, die durch die Stadt fließt, und der Kapuzinerberg am Nordufer.

Politik

Bürgermeister ist seit 2017 Harald Preuner von der konservativen ÖVP, der auch der österreichische Bundeskanzler Sebastian Kurz angehört.

Klima

Salzburg ist für seinen charakteristischen »Schnürlregen« bekannt. Niederschlag gibt es an durchschnittlich 184 Tagen im Jahr, die Niederschlagsmenge liegt bei 1496 mm, das ist mehr als doppelt so viel wie in Wien.

Reisezeit

Fast zwei Millionen Gäste kommen in der Regel jedes Jahr in die Stadt, rund 360 000 davon aus Deutschland. Besonders groß ist der Andrang zu Festspielzeiten, also um Ostern, Pfingsten und im Sommer sowie während der Mozartwoche Ende Januar. Für Musikliebhaber sind das Höhepunkte des Jahres, wer Salzburg aber mit Zeit und Muße als Stadt entdecken möchte, sollte diese Termine eher meiden. Besonderen Charme hat die Stadt auch im Winter, wenn der historische Christkindlmarkt auf dem Dom- und dem Residenzplatz aufgebaut wird.

Vorwahl

Die Vorwahl von Österreich ist 0043, die von Salzburg 0662.

Anreise

Nur sieben Minuten sind es mit dem Zug von Freilassing zum Salzburger Hauptbahnhof, der noch zum Streckennetz der Deutschen Bahn gehört, was bedeutet: Auch mit dem Bayernticket kann man paradoxerweise nach Salzburg fahren. Zwischen anderthalb und zwei Stunden dauert die Zugfahrt von München, mit dem Auto braucht man etwa genauso lange. Der Salzburger Flughafen ist der zweitgrößte Österreichs und befindet sich vier Kilometer südwestlich des Zentrums. Direktflüge nach Salzburg starten von Hamburg, Berlin, Düsseldorf, Köln-Bonn oder Frankfurt aus.

Unterwegs in der Stadt

Der Dom ist das Herzstück der Altstadt, ringsum liegen die zentralen Sehenswürdigkeiten so dicht beieinander, dass sie sich problemlos zu Fuß miteinander verbinden lassen. Für längere Strecken bieten sich das

Salzburg klingt gut – nicht nur zu Festspielzeiten. Straßenmusiker spielen am Dom in Sichtweite von Stephan Balkenhols Kunstwerk »Sphaera«

Netz des Linienbusverkehrs und die S-Bahnen an, mit denen man auch gut ins Umland kommt (S. 122). Mit einem Wegenetz von mehr als 180 Kilometern gilt Salzburg außerdem als eine der fahrradfreundlichsten Städte Österreichs. Besucher können sich etwa bei »aVelo« an der Staatsbrücke (www.avelosalzburg.com) ein Rad ausleihen. Eine ganze Reihe von Touren, meist zu Fuß, aber auch mal mit dem Rad, bietet die exzellente Stadtführerin Astrid Zehentmayer von »Salzburg for you« an (www.salzburgforyou.at).

Eintritt

Mit der »Salzburg Card« kommt man umsonst in die größten Sehenswürdigkeiten und kann viele öffentliche Verkehrsmittel nutzen. Gekauft werden kann sie online, in den Touristeninformationen und in einigen Hotels, sie gilt wahlweise 24, 48 oder 72 Stunden und kostet zwischen 26 und 44 Euro.

Info

Touristeninformationen gibt es im Hauptbahnhof und am Mozartplatz. Gut zur Reisevorbereitung: die Website von Tourismus Salzburg: www.salzburg.info.

TIPP

Einzigartige Schätze erleben

Was macht einen echten Schatz aus? Er ist kostbar! Er ist einzigartig! Er sorgt für Überraschungen. Und es macht Spaß, ihn zu entdecken. So ergeht es Besuchern auch in der Stadt Salzburg und im Salzkammergut.

Mit der FestungsBahn auf den Mönchsberg

Die verglaste FestungsBahn eröffnet grandiose Stadtansichten und entführt zugleich in das Naturparadies Mönchsberg mit grünen Wäldern, Wiesen, Genussadressen und der Ausstellung WasserSpiegel: An einem mächtigen Trinkwasser-Hochbehälter befindet sich dieses Wassermuseum mit spannenden Details zur Trinkwasserversorgung der Stadt und spielerischen Stationen für die ganze Familie.

WasserSpiegel und MönchsbergAufzug

Ebenfalls auf den Mönchsberg führt der MönchsbergAufzug: Über 60 Höhenmeter und in nur 30 Sekunden Fahrzeit verbindet er im Berginneren das Museum der Moderne am Mönchsbergplateau mit der Altstadt. FestungsBahn und MönchsbergAufzug sind die beiden einzigen öffentlichen Verkehrsmittel auf den Mönchsberg.

Hier geht's ins Salzkammergut

Das Salzkammergut steht der Mozartstadt in Berühmtheit in nichts nach. Wer in das „Salzkammergut-Feeling" eintauchen möchte, tut das am besten bei einer Fahrt mit der SchafbergBahn, der steilsten Zahnradbahn Österreichs, oder an Bord der WolfgangseeSchifffahrt. Die größte Binnenseeflotte Österreichs eröffnet Passagieren überraschende Perspektiven. Der 1.783 Meter hohe Schafberg verfügt über ein grandioses Panorama bis hin zu den höchsten Bergen Österreichs.

Erleben Sie unsere einzigartigen Schätze mit attraktiven Angeboten rund ums Jahr immer wieder neu. salzburg-bahnen.at

Auf einen Aperitif an die Adria: Abendstimmung vor der Bar »Valentino« in Rovinj

Schonende Ernte: Im Landesinnern wird bestes Olivenöl gepresst

Guter Fang: Küstenstädte wie Novigrad sind bekannt für feines Seafood

Baden mit nostalgischer Note: In Opatija erholte sich die Oberschicht der Donaumonarchie

Istrien

KULINARIK Trüffel, Wein, Öl – die Schätze der istrischen Küche
KÜSTE Zwei Perlen am Meer: unterwegs in Rovinj und Pula
ROADTRIP Durchs Mirnatal zur kleinsten Stadt der Welt
ZEITREISE Das Erbe der Römer, Venezianer und Habsburger

Zuletzt erschienen

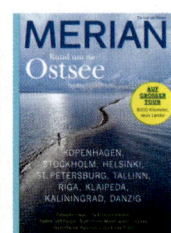

September 2020   Oktober 2020   November 2020   Dezember 2020   Januar 2021

In Vorbereitung:
Südtirol
Eifel
Rhein